Inhalt

QR-Code scannen und Einkaufslisten und Kochvideos entdecken

Rezeptinfos

5 SmartPoints Wert — SmartPoints Wert und zusätzlich kcal/kJ pro Person/Glas/Stück

Dieses Symbol zeigt dir, wie du das Rezept variieren kannst.

Gut zu wissen – Tipps und Tricks sowie hilfreiche Warenkunde erkennst du an diesem Symbol.

Video — Film ab! Entdeckst du dieses Symbol an einem Rezept, gibt es dazu ein Kochvideo. Einfach den QR-Code auf dieser Seite scannen. Zu welchen Rezepten es Videos gibt, siehst du übersichtlich im Register auf Seite 164.

Extra für dich: Auf den Rezeptseiten erfährst du direkt neben dem SmartPoints Wert, ob ein Rezept gluten- oder laktosefrei, vegan oder vegetarisch ist. Die Kennzeichnung ist rein informativ und nicht verbindlich. Es liegt in der persönlichen Verantwortung zu püfen, ob die verwendeten Lebensmittel die Anforderungen erfüllen. Zusätzlich findest du auch eine Info, wenn sich ein Gericht gut zum Einfrieren eignet.

Fertig in: Hier sind alle Vorbereitungsschritte, Marinier-, Gar- und Backzeiten eingerechnet.

Davon aktiv: Diese Zeitangabe sagt dir, wie lange du wirklich mit Schnippeln und Rühren beschäftigt bist.

Infos
Genießen
Andreas
-17 kg
Svenja
-27 kg
Mit Weight Watchers
8x mehr
abnehmen
als allein![1]

& trotzdem abnehmen

Willkommen in der Weight Watchers Welt.

Weight Watchers bietet dir ein modernes, ganzheitliches Programm, das auf jeden Teilnehmer individuell zugeschnitten wird und ausgewogene Ernährung, Bewegung und Motivation kombiniert – so, wie du es brauchst. Dabei steht Abnehmen natürlich weiter klar im Mittelpunkt, doch unsere Philosophie geht weit darüber hinaus.

Wir möchten zu einem guten Lebensgefühl beitragen. Zu besserer, ausgewogener Ernährung. Zu attraktiverem Aussehen und positiver Ausstrahlung.

Treffen

Mit einer starken Community und der persönlichen Unterstützung unserer Coaches zum Wunschgewicht.

- **Motivation, Inspiration und hilfreiche Ratschläge unserer Coaches.**
- **Gemeinsamer Austausch, Hilfestellung und Motivation in der Community.**
- **Neueste Erkenntnisse zum Thema Ernährung, von Experten gebündelt.**

Online

Ob unterwegs, in der Bahn oder zu Hause aus dem Wohnzimmer – mit Weight Watchers Online und der passenden App bist du always on.

- **Wähle aus über 6.000 Rezepten und 60.000 Lebensmitteln aus unserer Datenbank.**
- **Barcode-Scanner für sofortigen SmartPoints Check im Supermarkt.**
- **Tausche dich über die App mit deiner Community aus und lass dich jeden Tag aufs Neue motivieren.**

Alle Infos zu unserem Programm gibt es unter www.weightwatchers.de

[1]Gewichtsabnahme wurde mit Weight Watchers Meeting und Online-Tools erreicht.

Comeback der Jahreszeiten

Immer mehr Verbraucher wollen wissen, woher ihr Obst und Gemüse kommt, und es dann kaufen, wenn es Saison hat. Es schmeckt besser, und man freut sich auch wieder viel mehr auf die Highlights einer Jahreszeit, wie z. B. Erdbeeren im Frühling und Pfifferlinge im Sommer. Aber das ist nur ein Vorteil von saisonalem und regionalem Gemüse.

Saisonal-regional ist …

… lecker und gesund

Wenn Obst oder Gemüse reif geerntet werden kann und somit reichlich Sonne abbekommen hat, schmecken sie nicht nur besser, sie enthalten auch mehr Vitamine und sekundäre Pflanzenstoffe. So wurde z. B. bei Freilandtomaten ein um ein Drittel höherer Vitamin-C-Gehalt festgestellt als bei Tomaten aus dem Gewächshaus.

… günstiger

Auch für das Haushaltsbudget sind saisonale Produkte fast immer eine gute Wahl. Wenn Obst und Gemüse Hochsaison haben, ist das Angebot größer, und es kostet weniger.

… umweltverträglich und -freundlicher

Bei gleichen Produktionsbedingungen sind regional erzeugte Lebensmittel immer vorteilhafter, da Transporte vermieden werden, die Energiekosten und Treibhausgasemissionen verursachen. So benötigt der Transport von Äpfeln per Schiff aus Chile 12 Mal mehr Energie als heimische Ware. Bei der Luftfracht liegt der Energieverbrauch sogar 520 Mal höher.

… nebenan

Kurze Wege bedeuten überschaubare Strukturen. Sie schaffen Transparenz und Vertrauen für alle Beteiligten. Der beste Weg, regionale und saisonale Produkte in den Einkaufskorb zu legen, ist der Gang zum Wochenmarkt oder zum Hofladen in der Nachbarschaft.

Die Highlights der Saison!

Erdbeeren als erstes Obst im Frühling:
Erdbeeren sind reich an Vitaminen – besonders Vitamin C steckt in großen Mengen in den süßen Früchten, sogar mehr als in Zitronen. Ihr Gehalt an Folsäure hilft gegen Blutarmut und ist in der Schwangerschaft für eine gesunde Entwicklung des Kindes wichtig.

- Reife Erdbeeren haben den besten Geschmack und das intensivste Aroma. Man erkennt sie an ihrer tiefroten Farbe und dem Fehlen von hellen Rändern oder Spitzen. Die Blätter sollten ebenfalls frisch wirken und nicht an der Frucht festkleben. Deshalb gilt: Finger weg von Früchten, die matt und zu dunkel sind oder schon weiche Stellen haben.

Broccoli als typisches Sommergemüse:
Broccoli punktet mit reichlich Vitaminen, Mineralstoffen und verdauungsfördernden Ballaststoffen. Ansehnlich ist besonders der hohe Gehalt an Calcium.

- Beim Einkauf erkennt man eine gute Qualität an knackig-frischgrünen Stielen und Blättern. Die Blütenknospen sollten geschlossen und eher blaugrün sein.
- Bei hohen Temperaturen sowie Licht welkt das Gemüse sehr schnell und zeigt dann gelbe Blüten, die den typischen Geschmack verlieren. Darum eher kühl und dunkel lagern.
- Das Gemüse zum Aufbewahren in Frischhaltefolie einschlagen und im Gemüsefach des Kühlschranks maximal zwei Tage aufheben.

Kürbis – der Herbstklassiker:
Kürbisse enthalten neben zahlreichen Mineralstoffen viel Betacarotin – eine Vorstufe von Vitamin A und gut erkennbar am orangefarbigen Fruchtfleisch.

- Zu den gängigsten Speisekürbissen gehören neben den Riesenkürbissen die Gemüse- oder auch Gartenkürbisse sowie die Moschuskürbisse, zu denen auch der birnenförmige, hellgelbe Butternutkürbis zählt.
- Besonders beliebt ist der orangerote Hokkaido-Kürbis. Er lässt sich besonders einfach und schnell zubereiten, denn die Schale kann problemlos mitgegessen werden.
- Einen reifen Kürbis erkennt man übrigens daran, dass er hohl klingt, wenn man gegen seine Schale klopft. Kühl und trocken gelagert kann man Kürbis bis ins Frühjahr aufbewahren.

Der Winterhit Grünkohl:
Grünkohl gehört zu den Kohlsorten mit dem höchsten Gehalt an Vitamin C. Daneben enthält er reichlich Kalium und Calcium.

- Die Grünkohlsaison beginnt meist, wenn der erste Frost über die Felder gezogen ist. Der Grünkohl bekommt dadurch einen süßlichen Geschmack, da der Zuckergehalt im Kohl ansteigt.
- Frischen Grünkohl erkennt man an den knackigen, sattgrünen Blättern.

Frühling

Spinatsalat mit Joghurt-Kräuter-Dressing

7 SmartPoints Wert

fertig in: 25 Minuten I davon aktiv: 15 Minuten
vegetarisch
199 kcal I 834 kJ

Für 2 Personen:

- **2 Eier (Größe M)**
- **250 g Babyspinat**
- **1 Scheibe Pumpernickel**
- **150 g fettarmer Joghurt**
- **100 ml fettarme Milch**
- **2 TL Zitronensaft**
- **2 EL Gemüsebrühe (1 Prise Instantpulver)**
- **1 TL Honig**
- **3 EL gehackte Frühlingskräuter (z. B. Kerbel, Petersilie, Zitronenmelisse)**
- **Salz, Pfeffer**

Eier in kochendem Wasser 8–10 Minuten hart kochen. Spinat waschen und trocken schleudern. Pumpernickel in Würfel schneiden und fettfrei in einer Pfanne auf mittlerer Stufe 2–3 Minuten rösten.

Für das Dressing Joghurt mit Milch, Zitronensaft, Brühe und Honig vermischen, Kräuter unterrühren und mit Salz und Pfeffer abschmecken.

Eier abschrecken, pellen und in Scheiben schneiden. Spinat auf Tellern anrichten und Eierscheiben darauf verteilen. Spinatsalat mit Joghurt-Kräuter-Dressing beträufeln und mit Pumpernickelcroûtons bestreut servieren.

← Spargel-Frühlingssuppe

1 SmartPoints Wert™

fertig in: 50 Minuten | davon aktiv: 20 Minuten
low carb
92 kcal | 383 kJ

Hähnchenbrustfilet abspülen und trocken tupfen. Mit Brühe in einen Topf geben, aufkochen und ca. 15 Minuten garen. Grünen Spargel waschen und das untere Drittel schälen. Weißen Spargel schälen und die holzigen Enden abschneiden, Spargel jeweils in Stücke schneiden.

Hähnchenbrustfilet herausnehmen und würfeln. Spargelstücke ca. 15 Minuten in der Kochbrühe garen.

Zuckererbsenschoten und Frühlingszwiebeln waschen. Frühlingszwiebeln in Ringe schneiden, mit Zuckererbsenschoten ca. 5 Minuten vor Ende der Garzeit zugeben und mitgaren.

Hähnchenbrustwürfel unterheben und kurz erwärmen. Suppe mit Salz und Pfeffer abschmecken und mit Kerbel bestreut servieren.

Für 4 Personen:

- **360 g Hähnchenbrustfilet**
- **1 Liter Gemüsebrühe (4 TL Instantpulver)**
- **500 g grüner Spargel**
- **500 g weißer Spargel**
- **200 g Zuckererbsenschoten**
- **2 Frühlingszwiebeln**
- **Salz, Pfeffer**
- **1 EL gehackter Kerbel**

Gemüsewaffeln mit Lauchsauce

10 SmartPoints Wert™

fertig in: 40 Minuten | davon aktiv: 40 Minuten
vegetarisch
317 kcal | 1327 kJ

Mehl mit Ei, Milch, 50 ml Wasser und Sesam verquirlen und ca. 20 Minuten quellen lassen. Karotten und Kohlrabi schälen und fein raspeln. Lauch waschen und in Ringe schneiden. Lauchringe in einem Topf mit Brühe 10–12 Minuten dünsten.

Saucenbinder einrühren, kurz aufkochen, mit Senf und Kümmel verfeinern und mit Salz und Pfeffer abschmecken. Karotten- und Kohlrabiraspel unter den Teig rühren und mit Salz und Pfeffer würzen.

Waffeleisen mit Öl fetten und darin 4 Waffeln backen. Gemüsewaffeln nach Wunsch mit rosa Pfefferbeeren und Petersilie garnieren und mit Lauchsauce servieren.

Für 2 Personen:

- **120 g Dinkelvollkornmehl**
- **1 Ei (Größe M)**
- **150 ml entrahmte Milch**
- **1 TL Sesam**
- **150 g Karotten**
- **150 g Kohlrabi**
- **2 Stangen Lauch**
- **175 ml Gemüsebrühe (1 TL Instantpulver)**
- **1 TL Saucenbinder**
- **1 TL Senf**
- **1 Prise Kümmel**
- **Salz, Pfeffer**
- **1 TL Rapsöl**

Zuckererbsenauflauf mit Hähnchen

9 SmartPoints Wert

fertig in: 45 Minuten | davon aktiv: 25 Minuten
436 kcal | 1821 kJ

Für 2 Personen:

- **300 g Zuckererbsenschoten**
- **200 g Cocktailtomaten**
- **1/2 Bund Basilikum**
- **2 Hähnchenbrustfilets (à 120 g)**
- **1 TL Rapsöl**
- **Salz, Pfeffer**
- **1/2 unbehandelte Zitrone**
- **150 g Frischkäse, bis 1 % Fett absolut**
- **75 ml Gemüsebrühe (1/4 TL Instantpulver)**
- **120 g trockene Bandnudeln**

Zuckererbsenschoten und Tomaten waschen und halbieren. Basilikum waschen und trocken schütteln. Hähnchenbrustfilets abspülen und trocken tupfen. Backofen auf 180° C (Gas: Stufe 2, Umluft: 160° C) vorheizen.

Öl in einer Pfanne auf mittlerer bis hoher Stufe erhitzen, Hähnchenbrustfilets darin 2–3 Minuten von jeder Seite anbraten, salzen, pfeffern und in eine Auflaufform (ca. 20 x 25 cm) legen. Zuckererbsen- und Tomatenhälften im Bratensatz 3–4 Minuten anbraten.

1/4 TL Zitronenschale abreiben. Basilikum mit Frischkäse, Brühe und Zitronenschale pürieren und zum Gemüse geben. Zuckererbsen-Tomaten-Mischung mit Salz und Pfeffer abschmecken und über die Hähnchenbrustfilets geben. Auflauf im Backofen auf mittlerer Schiene ca. 20 Minuten garen. Nudeln nach Packungsanweisung in Salzwasser garen und abgießen. Zuckererbsenauflauf mit Nudeln servieren.

Erdbeer-Eichblatt-Salat mit Hähnchenbrustfilet

3 SmartPoints Wert™

fertig in: 30 Minuten | davon aktiv: 25 Minuten
172 kcal | 718 kJ

Hähnchenbrustfilet abspülen, trocken tupfen und in Streifen schneiden. Öl in einer Pfanne auf hoher Stufe erhitzen und Hähnchenbruststreifen darin ca. 5 Minuten rundherum braten. Mit Salz und Pfeffer würzen.

Salat waschen, trocken schleudern und in mundgerechte Stücke zerteilen. Erdbeeren waschen und trocken tupfen. Radieschen waschen. Erdbeeren und Radieschen in Scheiben schneiden und zum Eichblattsalat geben.

Für das Dressing Zitronen- und Orangensaft, Brühe, Senf und Honig verrühren. Mit Salz und Pfeffer kräftig würzen. Dressing unter den Salat mischen. Hähnchenbruststreifen mit Salat anrichten, mit Cashewnüssen bestreuen und nach Wunsch mit Kräutern garniert servieren.

Für 4 Personen:

480 g Hähnchenbrustfilet
2 TL Rapsöl
Salz, Pfeffer
1 kleiner Eichblattsalat
500 g Erdbeeren
1 Bund Radieschen
2–3 EL Zitronensaft
3 EL Orangensaft
75 ml Gemüsebrühe (1/4 TL Instantpulver)
1–2 TL Senf
1 TL Honig
10 gehackte Cashewnüsse

Forellenfilets auf jungen Karotten

11 SmartPoints Wert

fertig in: 40 Minuten | davon aktiv: 20 Minuten
415 kcal | 1736 kJ

Für 2 Personen:

- **600 g junge Karotten mit Grün**
- **2 TL Rapsöl**
- **1 TL Honig**
- **50 ml Gemüsebrühe (1/4 TL Instantpulver)**
- **1 Bund Petersilie**
- **1/2 Zitrone**
- **1 Knoblauchzehe**
- **1 EL gehackte Mandeln**
- **Salz, Pfeffer**
- **4 Forellenfilets (à 100 g)**
- **2 Scheiben Bauernbrot**

Karotten schälen und etwas Grün stehen lassen. 1 TL Öl in einer Pfanne auf mittlerer Stufe erhitzen und Karotten mit Honig darin ca. 2 Minuten glasieren. Mit 2 EL Brühe ablöschen und mit Deckel 10–12 Minuten garen.

Petersilie waschen und trocken schütteln. Zitronenhälfte auspressen. Für das Pesto Petersilie mit Knoblauch, Mandeln, 1 EL Zitronensaft und restlicher Brühe pürieren und mit Salz und Pfeffer abschmecken. Forellenfilets abspülen und trocken tupfen. Restliches Öl in einer Pfanne auf mittlerer bis hoher Stufe erhitzen und Forellenfilets darin 3–4 Minuten von jeder Seite braten, salzen und pfeffern.

Bauernbrot rösten. Karotten mit Salz und Pfeffer abschmecken. Forellenfilets mit Pesto bestreichen und mit Karotten und geröstetem Bauernbrot servieren.

Überbackene Spargelröllchen

7 SmartPoints Wert

fertig in: 65 Minuten | davon aktiv: 20 Minuten
269 kcal | 1127 kJ

Für 4 Personen:

- **1 kg grüner Spargel**
- **1 Liter Wasser**
- **Salz, Pfeffer**
- **12 Scheiben Geflügelbrustaufschnitt**
- **800 g festkochende Kartoffeln**
- **1 Schalotte**
- **2 TL Rapsöl**
- **1 EL Mehl**
- **100 ml fettarme Milch**
- **1 TL Zitronensaft**
- **1 Prise geriebene Muskatnuss**
- **2 EL geriebener Parmesan**
- **2 EL gehackte Petersilie**

Spargel waschen, das untere Drittel schälen und in Salzwasser ca. 5 Minuten garen. Spargel abgießen und 150 ml Kochwasser auffangen. Je ca. 3 Spargelstangen mit 1 Scheibe Geflügelbrustaufschnitt umwickeln und in eine Auflaufform (ca. 20 x 30 cm) legen. Kartoffeln schälen, halbieren und in Salzwasser 15–18 Minuten garen.

Backofen auf 200° C (Gas: Stufe 3, Umluft: 180° C) vorheizen. Schalotte schälen und würfeln. Öl in einem Topf auf mittlerer bis hoher Stufe erhitzen und Schalottenwürfel darin glasig andünsten. Mit Mehl bestäuben und kurz anschwitzen. Unter Rühren mit Spargelkochwasser und Milch ablöschen und ca. 5 Minuten leicht köcheln lassen. Mit Zitronensaft, Salz, Pfeffer und Muskatnuss würzen.

Spargelröllchen mit Sauce übergießen und mit Parmesan bestreuen. Im Backofen auf mittlerer Schiene ca. 20 Minuten überbacken. Kartoffeln abgießen und mit Petersilie bestreuen. Spargelröllchen nach Wunsch mit Petersilie und rotem Pfeffer garnieren und mit Kartoffeln servieren.

Roggenbrot mit Tofucreme und Rettich

8 SmartPoints Wert

fertig in: 30 Minuten | davon aktiv: 15 Minuten
vegetarisch
282 kcal | 1181 kJ

Tomaten in Brühe ca. 10 Minuten einweichen. Zwiebel schälen und mit Tofu würfeln. Öl in einer Pfanne auf mittlerer bis hoher Stufe erhitzen, Tofu- und Zwiebelwürfel mit Tomatenmark darin ca. 5 Minuten anbraten und mit Sojasauce ablöschen.

Tomaten abtropfen lassen, dabei 50 ml Sud auffangen. Tofu-Zwiebel-Mischung mit Tomaten und Tomatensud pürieren und mit Petersilie verfeinern. Mit Salz und Pfeffer abschmecken und abkühlen lassen. Rettich schälen und in Scheiben hobeln. Brot rösten, mit Tofucreme bestreichen und mit einigen Rettichscheiben belegen. Restlichen Rettich salzen, pfeffern und dazu servieren.

Du kannst die Tofucreme für mehrere Tage im Kühlschrank aufbewahren.

Für 2 Personen:

3 getrocknete Tomaten ohne Öl
100 ml heiße Gemüsebrühe (1/2 TL Instantpulver)
1 kleine Zwiebel
100 g Tofu
1 TL Rapsöl
2 EL Tomatenmark
1 EL Sojasauce
2 EL gehackte glatte Petersilie
Salz, Pfeffer
1 Rettich
4 Scheiben Roggenvollkornbrot (Schwarzbrot)

Blumenkohltopf mit Hähnchen

8 SmartPoints Wert

fertig in: 45 Minuten | davon aktiv: 25 Minuten
einfrieren
371 kcal | 1549 kJ

Zwiebel und Ingwer schälen. Zwiebel würfeln und Ingwer reiben. Blumenkohl waschen und in kleine Röschen zerteilen. Hähnchenbrustfilet abspülen, trocken tupfen und in Würfel schneiden.

Öl in einem Topf auf mittlerer bis hoher Stufe erhitzen, Zwiebelwürfel mit Ingwer darin 3–4 Minuten anbraten und mit Kurkuma und Koriander würzen. Reis zufügen, kurz andünsten, mit Brühe ablöschen und mit Deckel 20–25 Minuten garen.

Blumenkohlröschen und Hähnchenbrustwürfel ca. 15 Minuten vor Ende der Garzeit unterheben und mitgaren. Blumenkohltopf mit Petersilie verfeinern, mit Salz und Pfeffer abschmecken und servieren.

Für 4 Personen:

1 Zwiebel
1 Stück Ingwer (ca. 3 cm)
1 Blumenkohl (ca. 1 kg)
400 g Hähnchenbrustfilet
4 TL Rapsöl
1 TL Kurkuma
1/2 TL gemahlener Koriander
240 g trockene Wildreismischung
1,2 Liter Gemüsebrühe (1 EL Instantpulver)
4 EL gehackte glatte Petersilie
Salz, Pfeffer

Gefüllte Kartoffeln mit saurer Sahne

11 SmartPoints Wert

fertig in: 50 Minuten | davon aktiv: 20 Minuten
vegetarisch
349 kcal | 1464 kJ

Für 2 Personen:

- 2 große festkochende Kartoffeln (à 200 g)
- Salz, Pfeffer
- 1 rote Zwiebel
- je 1 rote und gelbe Paprika
- 2 EL heller Balsamicoessig
- 75 ml Gemüsebrühe (1/4 TL Instantpulver)
- 2 TL Agavendicksaft (ersatzweise Honig)
- 1 TL Ajvar
- 150 g saure Sahne
- 2 TL Olivenöl
- 1 Knoblauchzehe
- 150 g Champignons
- 2 EL Schnittlauchringe
- 1 Prise geriebene Muskatnuss

Kartoffeln waschen und mit Schale in Salzwasser ca. 25 Minuten garen. Zwiebel schälen und in Würfel schneiden. Paprika waschen, entkernen und in feine Streifen schneiden.

Für das Dressing Essig mit Brühe, Agavendicksaft, Ajvar, 2 EL saurer Sahne und 1 TL Öl verrühren und mit Salz und Pfeffer würzen. Dressing mit Paprikastreifen und der Hälfte der Zwiebelwürfel vermischen.

Knoblauch pressen. Champignons trocken abreiben und in feine Würfel schneiden. Restliches Öl in einer Pfanne auf mittlerer bis hoher Stufe erhitzen und restliche Zwiebel- und Champignonwürfel mit Knoblauch darin 3–5 Minuten braten.

Kartoffeln abgießen, halbieren und mit einem Esslöffel aushöhlen, dabei einen ca. 1 cm breiten Rand stehen lassen. Kartoffelmasse mit einer Gabel zerdrücken, mit Champignon-Zwiebel-Mischung, 4 EL saurer Sahne und Schnittlauch verrühren und mit Salz, Pfeffer und Muskatnuss würzen. Kartoffelhälften mit der Masse füllen und mit restlicher saurer Sahne garnieren. Gefüllte Kartoffeln mit Paprikasalat servieren.

Spargelsalat mit Garnelen

6 SmartPoints Wert

fertig in: 30 Minuten | davon aktiv: 20 Minuten
241 kcal | 1006 kJ

Spargel schälen, die holzigen Enden abschneiden und Spargel in ca. 5 cm große Stücke schneiden. Öl in einer Pfanne auf mittlerer Stufe erhitzen und Spargelstücke darin 5–8 Minuten rundherum braten. Mit Salz und Pfeffer würzen, herausnehmen und zur Seite stellen.

Garnelen abspülen und trocken tupfen. Im Bratensatz ca. 3 Minuten rundherum braten und mit Zitronensaft, Salz und Pfeffer würzen. Rucola waschen und trocken schleudern. Rucola, Spargelstücke und Garnelen auf 4 Tellern anrichten.

Tomate waschen und entkernen. Zwiebel schälen und mit Tomate in feine Würfel schneiden. Basilikum waschen, trocken schütteln und hacken. Orange auspressen. Für das Dressing Tomaten-, Zwiebelwürfel, Basilikum, Orangensaft, Balsamicoessig und Brühe mischen. Mit Honig verfeinern und mit Salz und Pfeffer würzen. Dressing über den Salat geben und Spargelsalat mit Garnelen und Brot servieren.

Für 4 Personen:

- **800 g weißer Spargel**
- **2 TL Rapsöl**
- **Salz, Pfeffer**
- **300 g küchenfertige Garnelen (frisch oder TK)**
- **1 TL Zitronensaft**
- **250 g Rucola**
- **1 Tomate**
- **1 rote Zwiebel**
- **1/2 Bund Basilikum**
- **1 Orange**
- **2 EL heller Balsamicoessig**
- **50 ml Gemüsebrühe (1/4 TL Instantpulver)**
- **1 TL Honig**
- **8 Scheiben Baguette**

Wenn es noch schneller gehen soll, probiere einfach mal den Eiersalat mit Spargel und Champignons.

Erdbeer-Maibowle

6 SmartPoints Wert

fertig in: 75 Minuten | davon aktiv: 15 Minuten
vegan | glutenfrei | laktosefrei
150 kcal | 627 kJ

Erdbeeren waschen und in kleine Stücke schneiden. Zitrone waschen und in Stücke schneiden. Minze waschen, trocken schütteln und Blätter abzupfen. Erdbeer- und Zitronenstücke mit Minzblättern in ein Bowlengefäß geben. 1 Liter Weißwein dazugießen.

Waldmeister waschen, trocken schütteln, mit einem Faden an den Stielenden für ca. 60 Minuten in den Wein hängen und ziehen lassen, dabei die Stielenden herausragen lassen. Waldmeister entfernen und Bowle mit restlichem Wein, Sekt, Mineralwasser und Früchtetee auffüllen. Erdbeer-Maibowle gut gekühlt servieren.

Für 10 Gläser:

- **500 g Erdbeeren**
- **1 unbehandelte Zitrone**
- **1/2 Bund Minze**
- **1,5 Liter kalter trockener Weißwein**
- **1 Bund Waldmeister**
- **500 ml kalter trockener Sekt**
- **500 ml kohlensäurehaltiges Mineralwasser**
- **500 ml kalter Früchtetee**

Für eine alkoholfreie Variante kannst du den Wein durch Apfelsaft und den Sekt durch Mineralwasser ersetzen. Der SmartPoints Wert pro Person reduziert sich auf 3.

Kartoffelsalat mit Limettendressing

5 SmartPoints Wert

fertig in: 60 Minuten | davon aktiv: 20 Minuten
vegan | glutenfrei | laktosefrei
153 kcal | 643 kJ

Für 2 Personen:

- **400 g festkochende Kartoffeln**
- **Salz, Pfeffer**
- **1 Bund Radieschen**
- **1 Bund Frühlingszwiebeln**
- **1 Kohlrabi**
- **2 eingelegte grüne Peperoni (Konserve, ohne Öl)**
- **1 Limette**
- **3 EL Peperonisud**
- **1 TL Ahornsirup**

Kartoffeln waschen und mit Schale in Salzwasser ca. 20 Minuten garen. Radieschen und Frühlingszwiebeln waschen und Kohlrabi schälen. Radieschen in Scheiben, Frühlingszwiebeln in Ringe und Kohlrabi in feine Stifte schneiden.

Für das Dressing Peperoni in Ringe schneiden und Limette auspressen. Peperoniringe und -sud, Limettensaft und Ahornsirup verrühren und mit Salz und Pfeffer abschmecken.

Kartoffeln abgießen, pellen und in Scheiben schneiden. Mit Radieschenscheiben, Kohlrabistiften, Frühlingszwiebelringen und Dressing vermischen und ca. 20 Minuten ziehen lassen. Kartoffelsalat mit Salz und Pfeffer abschmecken und servieren.

Du kannst zu dem Salat noch 2 Geflügel-Wiener Würstchen servieren. Der SmartPoints Wert pro Person erhöht sich auf 9.

Lachscrêpes mit Spargel

9 SmartPoints Wert

fertig in: 60 Minuten I davon aktiv: 25 Minuten
240 kcal I 1006 kJ

Spargel schälen, die holzigen Enden abschneiden und Spargel in ca. 3 cm lange Stücke schneiden. Spargelstücke in Salzwasser ca. 10 Minuten garen, abgießen und ca. 30 Minuten abkühlen lassen.

Mehl mit 1 Prise Salz vermischen. Eier, Milch und Schnittlauch verquirlen und mit Mehlmischung verrühren. Teig ca. 15 Minuten quellen lassen.

Öl portionsweise in einer Pfanne auf mittlerer Stufe erhitzen und darin nacheinander 4 dünne Crêpes ca. 2 Minuten von jeder Seite backen. Crêpes ca. 30 Minuten abkühlen lassen.

Lachs in Streifen schneiden. Tomaten waschen, entkernen und in Spalten schneiden. Salatblätter waschen, trocken schleudern und in Streifen schneiden. Crêpes mit Salatcreme bestreichen und mit Dill bestreuen. Mit Lachs-, Salatstreifen, Tomatenspalten und Spargelstücken belegen und aufrollen. Lachscrêpes schräg halbieren und nach Wunsch mit Kräutern garniert servieren.

Für 4 Personen:

500 g weißer Spargel
Salz
120 g Mehl
2 Eier (Größe M)
250 ml fettarme Milch
1 EL Schnittlauchringe
4 TL Rapsöl
100 g Räucherlachs
2 Tomaten
4 Blätter Salat
2 EL Salatcreme, bis 20 % Fett
1 EL gehackter Dill

Backkartoffeln mit fruchtigem Krautsalat

9 SmartPoints Wert

fertig in: 45 Minuten | davon aktiv: 30 Minuten
381 kcal | 1600 kJ

Für 2 Personen:

- **4 Ofenkartoffeln (à 175 g)**
- **Salz, Pfeffer**
- **1/2 Spitzkohl (ca. 500 g)**
- **1 Karotte**
- **4 Zweige Rosmarin**
- **4 Lorbeerblätter**
- **2 säuerliche Äpfel (z. B. Boskop)**
- **1 EL Zitronensaft**
- **2 EL Gemüsebrühe (1 Prise Instantpulver)**
- **1–2 EL Himbeeressig**
- **1 EL Schnittlauchringe**
- **160 g Hähnchenbrustfilet**
- **2 TL Rapsöl**

Kartoffeln waschen und mit Schale in Salzwasser ca. 15 Minuten garen. Spitzkohl putzen, vierteln, den Strunk entfernen und Spitzkohl in feine Streifen schneiden. Karotte schälen und raspeln. Spitzkohlstreifen und Karottenraspel mit 1/2 TL Salz verkneten und ca. 25 Minuten ziehen lassen.

Backofen auf 180° C (Gas: Stufe 2, Umluft: 160° C) vorheizen. Rosmarin waschen und trocken schütteln. Kartoffeln abgießen, pellen, jeweils mit 1 Zweig Rosmarin und 1 Lorbeerblatt in Alufolie wickeln und im Backofen auf mittlerer Schiene ca. 30 Minuten backen.

Äpfel vierteln, entkernen, schälen, raspeln und mit Zitronensaft mischen. Apfelraspel unter die Spitzkohl-Karotten-Mischung heben. Krautsalat mit Brühe, Essig und Schnittlauch vermischen und mit Salz und Pfeffer abschmecken.

Hähnchenbrustfilet abspülen, trocken tupfen und längs in 4 Streifen schneiden. Öl in einer Pfanne auf mittlerer bis hoher Stufe erhitzen, Hähnchenbruststreifen darin ca. 3 Minuten von jeder Seite braten, salzen und pfeffern. Backkartoffeln mit Krautsalat und Hähnchenbruststreifen servieren.

← Broccoli-Bulgur-Salat

10 SmartPoints Wert™

fertig in: 35 Minuten | davon aktiv: 15 Minuten
vegetarisch
274 kcal | 1147 kJ

Für 2 Personen:

- **1 Broccoli**
- **3 TL Olivenöl**
- **80 g trockener Bulgur**
- **Salz, Pfeffer**
- **150 ml kochendes Wasser**
- **1 EL getrocknete Kirschen**
- **1 EL geröstete Pistazienkerne**
- **1 TL unbehandelte Zitronenschale**
- **3 EL fettarmer Joghurt**
- **2 EL Rotweinessig**

Backofen auf 180° C (Gas: Stufe 3, Umluft: 160° C) vorheizen. Broccoli putzen, waschen, in Röschen teilen und auf einem mit Backpapier ausgelegten Backblech verteilen. Mit 2 TL Öl beträufeln und im Backofen auf mittlerer Schiene ca. 20 Minuten garen.

Bulgur in eine Schüssel geben, mit Salz und Pfeffer würzen und mit kochendem Wasser bedecken. Mit Frischhaltefolie abdecken und ca. 10 Minuten quellen lassen. Frischhaltefolie entfernen und Bulgur mit einer Gabel auflockern.

Kirschen und Pistazien grob hacken und beides mit Zitronenschale unter den Bulgur rühren. Broccoli aus dem Ofen nehmen und mit Bulgur vermischen. Für das Dressing restliches Öl, Joghurt und Essig mit 1 Spritzer heißem Wasser kräftig verquirlen, Dressing über den Salat geben und vorsichtig unterheben. Broccoli-Bulgur-Salat sofort warm servieren.

Gratinierte Erdbeeren

4 SmartPoints Wert™

fertig in: 40 Minuten | davon aktiv: 20 Minuten
vegetarisch | laktosefrei
91 kcal | 379 kJ

Für 4 Personen:

- **400 g Erdbeeren**
- **1 EL brauner Zucker**
- **1 TL gehacktes Basilikum**
- **2 Eier (Größe M)**
- **1 Prise Salz**
- **1/2 TL Zitronensaft**
- **2 EL Puderzucker**
- **1 TL Speisestärke**

Erdbeeren waschen, trocken tupfen und in Stücke schneiden. Erdbeerstücke mit Zucker und Basilikum vermischen, in 4 Souffléförmchen (Ø 6 cm) füllen. Backofen auf 180° C (Gas: Stufe 2, Umluft: 160° C) vorheizen.

Eier trennen und Eiklar mit Salz und Zitronensaft steif schlagen. Eigelb mit 1 1/2 EL Puderzucker cremig rühren. Stärke und Eischnee unterheben und Eiermasse über die Erdbeeren geben. Im Backofen auf mittlerer Schiene ca. 20 Minuten gratinieren und mit restlichem Puderzucker bestäubt servieren.

Roastbeefröllchen auf Salat

3 SmartPoints Wert

fertig in: 20 Minuten | davon aktiv: 20 Minuten
142 kcal | 593 kJ

Rucola waschen und trocken schleudern. Granatapfel entkernen. Frischkäse mit Quark, Milch, Majoran und Petersilie verrühren und mit Salz und Pfeffer würzen. Creme auf Roastbeef streichen und einrollen.

Für das Dressing Öl mit Essig, Senf und Liebstöckel verrühren und mit Salz und Pfeffer würzen. Rucola, Roastbeefröllchen und Granatapfelkerne anrichten und mit Dressing beträufeln. Mit Paranüssen bestreuen und mit Chilipulver bestäubt servieren.

Für 2 Personen:

- 80 g Rucola
- 1/2 Granatapfel
- 1 EL Frischkäse, bis 5 % Fett absolut
- 1 EL Magerquark
- 1 EL fettarme Milch
- 1/2 TL getrockneter Majoran
- 1 EL gehackte Petersilie
- Salz, Pfeffer
- 4 Scheiben Roastbeef (à 20 g)
- 1 TL Olivenöl
- 2 EL dunkler Balsamicoessig
- 1 TL Feigensenf (ersatzweise mittelscharfer Senf)
- 1/4 TL getrockneter Liebstöckel
- 2 TL gehackte Paranüsse
- Chilipulver

Kichererbsenbällchen mit Kräuterdip

10 SmartPoints Wert

fertig in: 30 Minuten | davon aktiv: 25 Minuten
vegetarisch | glutenfrei
378 kcal | 1581 kJ

Kichererbsen abspülen und abtropfen lassen. Frühlingszwiebeln waschen und in grobe Stücke schneiden. Koriander und Petersilie waschen und trocken schütteln. Kichererbsen mit Frühlingszwiebelstücken, Koriander und der Hälfte der Petersilie pürieren und mit Salz, Pfeffer und Kreuzkümmel würzen. Restliche Petersilie hacken.

Kichererbsenmasse zu 5 Bällchen formen. Öl in einer Pfanne auf mittlerer Stufe erhitzen und Bällchen darin 3–5 Minuten rundherum braten.

Für den Dip saure Sahne mit restlicher Petersilie, Schnittlauch und Zitronensaft verrühren und mit Salz und Pfeffer abschmecken. Kichererbsenbällchen mit Kräuterdip servieren.

Für 1 Person:

- **200 g Kichererbsen (Konserve)**
- **3 Frühlingszwiebeln**
- **je 2 Stängel Koriander und Petersilie**
- **Salz, Pfeffer**
- **1/2 TL Kreuzkümmel**
- **1 TL Rapsöl**
- **3 EL saure Sahne**
- **1 EL Schnittlauchringe**
- **1 TL Zitronensaft**

Du kannst die Kichererbsenbällchen und den Dip sehr gut in Frischhalte-Boxen mit ins Büro nehmen.

Pfannkuchen mit Erdbeerquark

8 SmartPoints Wert

fertig in: 40 Minuten | davon aktiv: 20 Minuten
vegetarisch
257 kcal | 1077 kJ

Mehl, Eier, Milch, Zucker, Zitronensaft und Salz zu einem Teig verrühren und ca. 10 Minuten quellen lassen. Erdbeeren waschen, trocken tupfen und in Stücke schneiden. 1/3 der Erdbeerstücke mit Vanillezucker pürieren.

Quark mit Mineralwasser glatt rühren. Kokosraspel fettfrei in einer Pfanne auf mittlerer Stufe 2–3 Minuten rösten und mit Erdbeerstücken zur Quarkmasse geben. Erdbeerquark mit Süßstoff abschmecken.

Öl portionsweise in einer Pfanne auf mittlerer Stufe erhitzen und darin nacheinander 4 Pfannkuchen 2–3 Minuten von jeder Seite backen. Pfannkuchen mit Erdbeerquark füllen, zusammenklappen, mit Puderzucker bestäuben und mit Erdbeerpüree servieren.

Für 4 Personen:

4 EL Mehl
2 Eier (Größe M)
125 ml fettarme Milch
1 EL Zucker
1 TL Zitronensaft
1 Prise Salz
300 g Erdbeeren
1 Päckchen Vanillezucker
150 g Magerquark
50 ml kohlensäurehaltiges Mineralwasser
2 EL Kokosraspel
einige Tropfen flüssiger Süßstoff
4 TL Rapsöl
1 TL Puderzucker

Sommer

Cola-Steak mit mediterranem Reissalat

9 SmartPoints Wert™

fertig in: 80 Minuten | davon aktiv: 10 Minuten
laktosefrei
352 kcal | 1475 kJ

Für 6 Personen:

- **250 ml Cola**
- **3 Zweige Thymian**
- **2 Lorbeerblätter**
- **3 Knoblauchzehen**
- **Salz, Pfeffer**
- **3 magere Lendensteaks (à 300 g)**
- **400 g kleine Strauchtomaten**
- **1 TL Olivenöl**
- **1 Prise Zucker**
- **250 g trockener brauner Basmatireis**
- **75 g entsteinte schwarze Oliven in Lake**
- **4 Stängel glatte Petersilie**
- **25 g Rucola**

Für die Marinade Cola in einem Topf zum Kochen bringen und ca. 5 Minuten köcheln lassen, bis die Flüssigkeit um 2/3 eingekocht ist. Thymian waschen, trocken schütteln, klein schneiden, mit Lorbeerblättern in den Topf geben und ca. 10 Minuten abkühlen lassen. 2 Knoblauchzehen in die Marinade pressen und mit Salz und Pfeffer würzen. Steaks trocken tupfen, in eine nichtmetallene Schüssel geben und die Marinade darübergießen. Mit Deckel für mindestens 1 Stunde im Kühlschrank marinieren.

Für den Salat Backofen auf 190° C (Gas: Stufe 3, Umluft: 170° C) vorheizen. Tomaten waschen, halbieren und mit der Schnittfläche nach oben auf ein mit Backpapier ausgelegtes Backblech legen. Mit Öl beträufeln, mit Salz und Pfeffer würzen und Zucker darüberstreuen. Tomatenhälften im Backofen auf mittlerer Schiene ca. 45 Minuten backen. Restlichen Knoblauch pressen, darüber verteilen, weitere ca. 10 Minuten rösten und ca. 10 Minuten abkühlen lassen.

Reis nach Packungsanweisung in Salzwasser garen, abkühlen lassen und in eine Schüssel geben. Oliven abtropfen lassen und klein schneiden. Petersilie waschen, trocken schütteln und klein hacken. Rucola waschen, trocken schleudern und klein schneiden. Reis mit Olivenstücken, Petersilie und Rucola mischen und mit Salz und Pfeffer würzen. Steaks abtropfen lassen, auf dem Grill 2–3 Minuten von jeder Seite grillen und mit Reissalat servieren.

Gefüllte Pitataschen

12 SmartPoints Wert

fertig in: 45 Minuten | davon aktiv: 25 Minuten
vegetarisch
400 kcal | 1673 kJ

Bulgur nach Packungsanweisung in Salzwasser ca. 10 Minuten garen. Zwiebel schälen und würfeln. Petersilie waschen, trocken schütteln, Blätter abzupfen, hacken und 2 EL beiseitestellen. Kichererbsen abspülen und abtropfen lassen.

Kichererbsen, Bulgur, Zwiebelwürfel und Petersilie pürieren. Mehl unterheben und mit Salz, Pfeffer und Kreuzkümmel würzen. Aus der Masse 6 Kugeln formen und leicht flach drücken. Öl in einer Pfanne auf mittlerer bis hoher Stufe erhitzen und Falafel darin ca. 5 Minuten von jeder Seite braten.

Salat, Tomate und Gurke waschen. Salat trocken schleudern und in Streifen schneiden. Tomate in Spalten und Gurke in Scheiben schneiden und mit Salat vermischen. Für das Dressing Zitronensaft, Brühe, Salz, Pfeffer und Zucker verrühren und Salat damit beträufeln.

Knoblauch pressen, mit Crème légère verrühren und mit Salz und Pfeffer abschmecken. Pitafladen aufklappen und mit Knoblauchcreme ausstreichen. Salat einfüllen und Falafel darauflegen. Mit restlicher Petersilie bestreuen und restlichen Salat dazu servieren.

Für 2 Personen:

40 g trockener Bulgur
Salz, Pfeffer
1 Zwiebel
1/2 Bund glatte Petersilie
1/2 Dose Kichererbsen (120 g Abtropfgewicht)
2 EL Mehl
1/2 TL Kreuzkümmel
1 TL Rapsöl
1/2 kleiner Eisbergsalat
1 Tomate
1/2 Salatgurke
2 TL Zitronensaft
2 EL Gemüsebrühe (1 Prise Instantpulver)
1 Prise Zucker
1 Knoblauchzehe
3 EL Crème légère mit Kräutern
2 Pitafladen

Zucchini-Auberginen-Quiche

5 SmartPoints Wert™

fertig in: 1 Stunde 55 Minuten | davon aktiv: 25 Minuten
vegetarisch | einfrieren
159 kcal | 666 kJ

Backofen auf 180° C (Gas: Stufe 2, Umluft: 160° C) vorheizen. Aubergine waschen, längs halbieren und in dünne Scheiben schneiden. Auberginenscheiben auf ein mit Backpapier ausgelegtes Backblech legen, salzen und im Backofen auf mittlerer Schiene ca. 20 Minuten backen.

Mehl mit Backpulver mischen. Mit 1 Ei, 50 g Margarine und 1/2 TL Salz zu einem Teig verkneten. Zu einer Kugel formen und in Frischhaltefolie gewickelt ca. 30 Minuten kalt stellen. Teig zwischen Frischhaltefolie ausrollen und eine mit der restlichen Margarine gefettete Quicheform (Ø 26 cm) damit auslegen, dabei einen ca. 3 cm hohen Rand formen. Den Boden mehrmals mit einer Gabel einstechen und im Backofen auf mittlerer Schiene ca. 10 Minuten vorbacken.

Zucchini waschen und raspeln. Kürbiskerne fettfrei in einer Pfanne auf mittlerer Stufe 2–3 Minuten rösten und auf den Teigboden streuen. Auberginenscheiben und Zucchiniraspel mischen, mit Salz und Pfeffer würzen und ebenfalls auf dem Teig verteilen.

Crème légère, Milch, restliche Eier, Thymian und 80 g Käse verrühren. Mit Salz und Pfeffer abschmecken und über das Gemüse geben. Tomaten waschen und halbieren, auf das Gemüse legen und mit restlichem Käse bestreuen. Zucchini-Auberginen-Quiche im Backofen auf mittlerer Schiene ca. 30 Minuten backen und servieren.

Für 12 Stücke:

1 kleine Aubergine (ca. 250 g)
Salz, Pfeffer
150 g Mehl
1/2 TL Backpulver
4 Eier (Größe M)
60 g Halbfettmargarine
1 Zucchini
1 EL Kürbiskerne
100 g Crème légère
150 ml fettarme Milch
1 TL gehackter Thymian
140 g geriebener Gouda, bis 30 % Fett i. Tr.
100 g Cocktailtomaten

Currywurst vom Spieß

6 SmartPoints Wert

fertig in: 30 Minuten | davon aktiv: 25 Minuten
low carb
161 kcal | 673 kJ

Bratwurst in Scheiben schneiden. Zwiebel schälen, Paprika waschen, entkernen und beides in Stücke schneiden. Bratwurstscheiben, Zwiebel- und Paprikastücke abwechselnd auf 2 Holzspieße stecken.

Für die Sauce Tomatenmark mit Brühe, Chilipulver und 1/2 TL Currypulver in einem Topf verrühren und mit Salz würzen. Spieße mit Sauce bestreichen. Restliche Sauce aufkochen und ca. 5 Minuten einkochen lassen.

Sauce mit Honig und Balsamicoessig verfeinern und mit Salz und Pfeffer abschmecken. Currywurstspieße auf dem Grill ca. 10 Minuten rundherum grillen, mit Sauce und mit Currypulver bestäubt servieren.

Für 2 Personen:

1 Rostbratwurst (100 g)
1 kleine Zwiebel
1 kleine grüne Paprika
1 EL Tomatenmark
150 ml Gemüsebrühe (1/2 TL Instantpulver)
1 Msp. Chilipulver
1 TL Currypulver
Salz, Pfeffer
1 TL Honig
1 EL dunkler Balsamicoessig

Couscousbratlinge mit Kräuterquark

9 SmartPoints Wert

fertig in: 50 Minuten | davon aktiv: 35 Minuten
vegetarisch
337 kcal | 1412 kJ

Rapsöl in einer Pfanne auf hoher Stufe erhitzen, Kaisergemüse darin 5–7 Minuten scharf anbraten, salzen und pfeffern. Brühe in einem Topf auf hoher Stufe erhitzen, Couscous dazugeben, aufkochen und quellen lassen. Mit Gemüse vermengen, salzen und pfeffern.

Backofen auf 200° C (Gas: Stufe 3, Umluft: 180° C) vorheizen. Gemüsecouscous mit Eiern verkneten, salzen, pfeffern und zu 6 Bratlingen formen. Bratlinge auf ein mit Backpapier ausgelegtes Backblech legen und im Backofen auf oberster Schiene 20–25 Minuten backen.

Für den Kräuterquark Tomate waschen und in Würfel schneiden. Quark mit Tomatenwürfeln verrühren, salzen, pfeffern und mit Kräutern verfeinern.

Für den Salat Chinakohl waschen, Boden samt Strunk entfernen und Kohl in feine Streifen schneiden. Für das Dressing Buttermilch mit Essig, Olivenöl, Zucker und Petersilie verrühren, Knoblauch dazupressen, salzen und pfeffern. Mit dem Salat vermengen und Couscousbratlinge mit Kräuterquark und Chinakohlsalat servieren.

Für 2 Personen:

- **1 TL Rapsöl**
- **250 g Kaisergemüse (TK)**
- **Salz, Pfeffer**
- **100 ml Gemüsebrühe (1/2 TL Instantpulver)**
- **50 g trockener Couscous**
- **2 Eier (Größe M)**
- **1 Tomate**
- **150 g Magerquark**
- **2 EL 8-Kräuter-Mischung (TK)**
- **1/2 Chinakohl**
- **100 ml Buttermilch**
- **1 EL Weißweinessig**
- **2 TL Olivenöl**
- **1 Prise Zucker**
- **1 TL gehackte Petersilie**
- **1 Knoblauchzehe**

Ofengemüse-Nudelsalat mit Hähnchenbrust

9 SmartPoints Wert™

fertig in: 45 Minuten | davon aktiv: 25 Minuten
396 kcal | 1656 kJ

Backofen auf 200° C (Gas: Stufe 3, Umluft: 180° C) vorheizen. Paprika, Aubergine und Zucchini waschen. Paprika entkernen und in Streifen schneiden. Aubergine in Würfel und Zucchini in Scheiben schneiden. Zwiebel schälen und in Spalten schneiden. Thymian waschen und trocken schütteln.

Paprikastreifen, Auberginenwürfel, Zucchinischeiben, Zwiebelspalten und Thymian in eine Auflaufform (ca. 20 x 20 cm) geben, mit Salz und Pfeffer würzen und im Backofen auf mittlerer Schiene 30–35 Minuten backen. Für das Dressing Basilikum waschen, trocken schütteln, hacken und mit Joghurt, Zitronensaft, Salz und Pfeffer verrühren. Nudeln nach Packungsanweisung in Salzwasser garen. Hähnchenbrustfilet abspülen, trocken tupfen und mit Salz, Pfeffer und Paprikapulver würzen.

Öl in einer Pfanne auf hoher Stufe erhitzen, Hähnchenbrust darin 6–8 Minuten von jeder Seite braten und in Tranchen schneiden. Nudeln abgießen und kalt abschrecken. Nudeln mit Ofengemüse, Hähnchenbrust und Dressing vermengen, mit Salz und Pfeffer würzen und servieren.

Für 1 Person:

1 kleine rote Paprika
1/2 kleine Aubergine
1 kleine Zucchini
1 rote Zwiebel
2 Zweige Thymian
Salz, Pfeffer
2 Stängel Basilikum
150 g Magermilchjoghurt
2 TL Zitronensaft
50 g trockene Penne
120 g Hähnchenbrustfilet
1/2 TL Paprikapulver
1 TL Olivenöl

Der Ofengemüse-Nudelsalat lässt sich super mit ins Büro nehmen. Einfach in einer Frischhalte-Box transportieren und servieren.

Sommerliches Rinderfilet

4 SmartPoints Wert™

fertig in: 40 Minuten | davon aktiv: 40 Minuten
low carb | glutenfrei | laktosefrei
189 kcal | 795 kJ

Filet trocken tupfen und in 4 Stücke teilen. Zucchini waschen und längs in feine Scheiben schneiden. Knoblauch pressen. Salbei waschen, trocken schütteln, hacken, mit Knoblauch und 1 TL Öl verrühren, salzen und pfeffern.

Filet mit Salbeiöl einstreichen, mit Zucchinischeiben umwickeln und mit Garn fixieren. Tomaten waschen. Schalotten schälen und in Spalten schneiden.

Restliches Öl in einer Pfanne auf mittlerer bis hoher Stufe erhitzen und Zucchini-Filet-Päckchen darin ca. 5 Minuten von jeder Seite braten. In Alufolie wickeln und im Backofen warm stellen. Tomaten und Schalottenspalten im Bratensatz ca. 2 Minuten braten. Mit Essig ablöschen, mit Salz, Pfeffer und Thymian würzen und mit Rinderfilet servieren.

Für 2 Personen:

- **240 g Rinderfilet**
- **100 g Zucchini**
- **1 Knoblauchzehe**
- **3 Blätter Salbei**
- **2 TL Olivenöl**
- **Salz, Pfeffer**
- **500 g Cocktailtomaten**
- **2 Schalotten**
- **1 EL Balsamicoessig**
- **1 TL gehackter Thymian**

Blumenkohl-Broccoli-Auflauf

8 SmartPoints Wert™

fertig in: 95 Minuten | davon aktiv: 35 Minuten
vegetarisch | glutenfrei
296 kcal | 1241 kJ

Blumenkohl in Röschen teilen, Kartoffeln in Würfel schneiden und in Salzwasser 10–15 Minuten garen, abgießen, Kochflüssigkeit dabei auffangen. Backofen auf 180° C (Gas: Stufe 2, Umluft: 160° C) vorheizen.

Blumenkohl und Kartoffeln mit Milch zerstampfen. 100 ml Kochflüssigkeit unterrühren. Blumenkohl-Kartoffel-Sauce mit Salz, Pfeffer und Muskatnuss würzen und mit Zitronensaft, Senf, Margarine, Zucker und Petersilie verfeinern.

Broccoli in kleine Röschen teilen, in eine Auflaufform (24 x 34 cm) geben und die Blumenkohl-Kartoffel-Sauce darübergießen. Auflauf mit Käse und Mandeln bestreuen und im Backofen auf mittlerer Schiene ca. 45 Minuten backen.

Für 4 Personen:

- **500 g Blumenkohl**
- **400 g mehligkochende Kartoffeln**
- **Salz, Pfeffer**
- **250 ml heiße fettarme Milch**
- **1 Prise geriebene Muskatnuss**
- **1–2 TL Zitronensaft**
- **1 TL Senf**
- **4 TL Halbfettmargarine**
- **1 Prise Zucker**
- **2 EL gehackte Petersilie**
- **1 kg Broccoli**
- **140 g geriebener Gouda, 30 % Fett i. Tr.**
- **2 EL gehackte Mandeln**

Fitness-Salat mit Sprossen

7 SmartPoints Wert

fertig in: 15 Minuten | davon aktiv: 15 Minuten
vegetarisch
225 kcal | 941 kJ

Salat, Sprossen, Paprika, Tomaten, Radieschen und Apfel waschen. Sprossen abtropfen lassen, Salat trocken schleudern und in mundgerechte Stücke zerteilen. Paprika entkernen und in Streifen schneiden. Tomaten halbieren, Radieschen vierteln. Apfel vierteln, entkernen und in dünne Scheiben schneiden.

Paprikastreifen mit Salat, Tomatenhälften, Radieschenvierteln und Apfelscheiben vermengen. Für das Dressing Grapefruit halbieren und eine Hälfte auspressen.

Grapefruitsaft mit Öl, Essig, Brühe und Senf verquirlen und mit Zucker verfeinern. Mit Salz und Pfeffer würzen. Salat mit Dressing beträufeln und mit Sonnenblumenkernen und Sprossen bestreuen. Fitness-Salat mit Knäckebrot und restlicher Grapefruithälfte servieren.

Für 1 Person:

- **1 Kopfsalatherz**
- **50 g gemischte Sprossen (z. B. Radieschen- und Senfsprossen)**
- **je 1 kleine gelbe und rote Paprika**
- **5 Cocktailtomaten**
- **4 Radieschen**
- **1 kleiner Apfel (z. B. Gala)**
- **1 rosa Grapefruit**
- **2 TL Olivenöl**
- **1 EL Apfelessig**
- **3 EL Gemüsebrühe (1/4 TL Instantpulver)**
- **1 TL Senf**
- **1 Prise Zucker**
- **Salz, Pfeffer**
- **1 EL Sonnenblumenkerne**
- **2 Scheiben Knäckebrot**

Broccoli-Blumenkohl-Omelettes

10 SmartPoints Wert

fertig in: 35 Minuten | davon aktiv: 20 Minuten
low carb | glutenfrei | laktosefrei
291 kcal | 1215 kJ

Für 2 Personen:

- **100 g Broccoli**
- **100 g Blumenkohl**
- **Salz, Pfeffer**
- **1 kleine Zwiebel**
- **2 kleine Gewürzgurken**
- **6 Eier (Größe M)**
- **50 ml kohlensäurehaltiges Mineralwasser**
- **2 EL gehackte Petersilie**
- **2 TL Rapsöl**
- **4 Tomaten**
- **1 Knoblauchzehe**
- **1/2 unbehandelte Zitrone**

Broccoli und Blumenkohl waschen, in Röschen teilen, gegebenenfalls Broccolistrunk schälen und in kleine Würfel schneiden und in Salzwasser 3–5 Minuten vorgaren. Zwiebel schälen und mit Gewürzgurken würfeln. Broccoli- und Blumenkohlröschen abgießen und grob hacken. Eier mit Mineralwasser und 1 EL Petersilie verquirlen und mit Salz und Pfeffer würzen.

1 TL Öl in einer Pfanne auf hoher Stufe erhitzen und die Hälfte der Zwiebelwürfel darin glasig andünsten. Die Hälfte der Gewürzgurkenwürfel sowie der Broccoli- und Blumenkohlröschen in die Pfanne geben und mit der Hälfte der Eiermasse übergießen. Zugedeckt 5–8 Minuten stocken lassen, auf einen Teller stürzen und im Backofen bei 60° C warm stellen. Restliches Öl im Bratensatz auf mittlerer Stufe erhitzen und zweite Broccoli-Blumenkohl-Omelette ebenso backen.

Für die Gremolata Tomaten kreuzweise einschneiden, mit kochendem Wasser überbrühen, häuten, entkernen und fein würfeln. Knoblauch pressen und 1 Msp Zitronenschale abreiben. Tomatenwürfel, Knoblauch und Zitronenschale mit restlicher Petersilie vermengen und mit Salz und Pfeffer würzen. Broccoli-Blumenkohl-Omelettes mit Tomatengremolata servieren.

Brate 20 g magere Schinkenwürfel mit den Zwiebelwürfeln an. Der SmartPoints Wert ändert sich nicht.

Romanescoquiche mit Räucherlachs

4 SmartPoints Wert

fertig in: 60 Minuten | davon aktiv: 25 Minuten
118 kcal | 494 kJ

Backofen auf 200° C (Gas: Stufe 3, Umluft: 180° C) vorheizen. Romanesco waschen, in Röschen teilen und in Salzwasser ca. 10 Minuten garen. Räucherlachs in Streifen schneiden.

Mehl mit Backpulver, Quark und Öl vermischen, nach und nach Wasser zugeben und zu einem glatten Teig verkneten. Zwischen Frischhaltefolie rund ausrollen und eine Quicheform (Ø 26 cm) damit auskleiden, dabei einen ca. 2 cm hohen Rand formen.

Eier mit Milch und Schmand verquirlen und mit Salz, Pfeffer und Muskatnuss würzen. Romanesco abgießen, mit Räucherlachs auf dem Boden verteilen, Eierguss darübergießen, salzen, pfeffern. Quiche im Backofen auf unterster Schiene 30–35 Minuten backen und servieren.

Für 12 Stücke:

- **1 Romanesco**
- **Salz, Pfeffer**
- **120 g Räucherlachs**
- **200 g Mehl**
- **1 TL Backpulver**
- **50 g Magerquark**
- **2 TL Olivenöl**
- **95 ml Wasser**
- **3 Eier (Größe M)**
- **100 ml entrahmte Milch**
- **50 g Schmand**
- **1 Prise geriebene Muskatnuss**

Gemüsecouscous mit Lachswürfeln

11 SmartPoints Wert

fertig in: 45 Minuten | davon aktiv: 30 Minuten
410 kcal | 1718 kJ

Lachsfilet abspülen, trocken tupfen und würfeln. Zwiebel mit Karotte und Petersilienwurzel schälen. Zucchini waschen. Karotte mit Zucchini, Zwiebel und Petersilienwurzel in kleine Würfel schneiden.

Öl in einer Pfanne auf hoher Stufe erhitzen, Lachswürfel darin 4–5 Minuten rundherum braten, salzen, pfeffern und herausnehmen. Karotten-, Zucchini-, Zwiebel- und Petersilienwurzelwürfel im Bratensatz auf mittlerer Stufe 3–4 Minuten anbraten. Mit Brühe ablöschen und ca. 10 Minuten köcheln lassen.

Couscous dazugeben und ca. 5 Minuten mitgaren. Lachswürfel vorsichtig unterheben und erwärmen. Gemüsecouscous mit Petersilie verfeinern, mit Salz und Pfeffer abschmecken und servieren.

Für 1 Person:

1 Lachsfilet (125 g)
1 Zwiebel
1 Karotte
1 Petersilienwurzel
1 kleine Zucchini
1 TL Olivenöl
Salz, Pfeffer
175 ml Gemüsebrühe (1 TL Instantpulver)
40 g trockener Couscous
1 TL gehackte Petersilie

Buletten mit Kohlrabigemüse

9 SmartPoints Wert

fertig in: 40 Minuten | davon aktiv: 20 Minuten
362 kcal | 1517 kJ

Kohlrabi und Kartoffeln schälen. Kohlrabi in Stifte und Kartoffeln in Stücke schneiden. Kartoffelstücke in Salzwasser ca. 20 Minuten garen. Kohlrabistifte in Brühe ca. 20 Minuten garen.

Zwiebel schälen und in feine Würfel schneiden. Tatar mit Zwiebelwürfeln, Ei, Paniermehl und Senf verkneten. Mit Salz, Pfeffer und Paprikapulver würzen und zu 6 Buletten formen. Öl in einer Pfanne auf mittlerer bis hoher Stufe erhitzen und Buletten darin ca. 6 Minuten von jeder Seite braten.

Kohlrabigemüse mit Schmand, Petersilie und Muskatnuss verfeinern und mit Salz und Pfeffer würzen. Kartoffeln abgießen und mit Kohlrabigemüse und Buletten servieren.

Für 2 Personen:

3 Kohlrabi (ca. 800 g)
300 g festkochende Kartoffeln
Salz, Pfeffer
125 ml Gemüsebrühe (1/2 TL Instantpulver)
1 Zwiebel
200 g Tatar
1 Ei (Größe M)
1 EL Paniermehl
2 TL Senf
1 TL Paprikapulver
1 TL Rapsöl
2 EL Schmand
1 TL gehackte Petersilie (frisch oder TK)
1 Prise geriebene Muskatnuss

Sommergemüse-Spieße mit Zaziki

4 SmartPoints Wert™

fertig in: 35 Minuten | davon aktiv: 25 Minuten
low carb
241 kcal | 1008 kJ

Tomaten, Paprika und Zucchini waschen. Zwiebel schälen, Paprika entkernen und mit Zwiebel und Zucchini in Stücke schneiden. Schweinefilet trocken tupfen und in Stücke schneiden. Im Wechsel mit Tomaten, Zucchini-, Zwiebel- und Paprikastücken auf 8 kleine Schaschlikspieße stecken.

1 Knoblauchzehe pressen und mit Öl, Sojasauce, Salz, Pfeffer und der Hälfte von Oregano und Minze verquirlen. Spieße damit bestreichen und ca. 5 Minuten von allen Seiten grillen. Salatgurke waschen und raspeln. Restlichen Knoblauch pressen und mit Quark, Joghurt und restlichem Oregano und Minze verrühren. Gurkenraspel untermischen und mit Salz und Pfeffer abschmecken. Sommergemüse-Spieße mit Zaziki servieren.

Für 4 Personen:

8 Cocktailtomaten
je 1 rote und gelbe Paprika
1 Zucchini
1 Zwiebel
500 g Schweinefilet
2 Knoblauchzehen
1 EL Olivenöl
1 EL Sojasauce
Salz, Pfeffer
1 EL gehackter Oregano
1/2 EL gehackte Minze
1 Salatgurke
250 g Magerquark
3 EL fettarmer Joghurt

Paprika-Chorizo-Omelette

9 SmartPoints Wert™

fertig in: 15 Minuten | davon aktiv: 10 Minuten
low carb
323 kcal | 1350 kJ

Schalotte schälen und mit Chorizo in Würfel schneiden. Paprika waschen und entkernen. 1/2 grüne Paprika würfeln und restliche Paprika in Streifen schneiden. Eier mit Milch, Schalotten-, Chorizo- und Paprikawürfeln verquirlen und mit Salz, Pfeffer und Paprikapulver würzen.

Öl in einer Pfanne auf mittlerer Stufe erhitzen und Omelette darin 3–4 Minuten von jeder Seite braten. Frühlingszwiebel waschen und in feine Ringe schneiden. Quark mit Kräutern und 1 EL Frühlingszwiebelringen verrühren und mit Salz und Pfeffer abschmecken. Paprika-Chorizo-Omelette mit restlichen Frühlingszwiebelringen bestreuen und mit Paprikastreifen und Kräuterquark servieren.

Für 1 Person:

1 Schalotte
2 Scheiben Chorizo
je 1 grüne und rote Paprika
2 Eier (Größe M)
2 EL entrahmte Milch
Salz, Pfeffer
1/2 TL Paprikapulver
1 TL Rapsöl
1 Frühlingszwiebel
3 EL Magerquark
1 EL Salatkräuter (TK)

Mini-Kartoffelknödel auf Gemüse

8 SmartPoints Wert™

fertig in: 70 Minuten I davon aktiv: 30 Minuten
vegetarisch
194 kcal I 815 kJ

Für 2 Personen:

- **200 g mehligkochende Kartoffeln**
- **Salz, Pfeffer**
- **45 g Mehl**
- **4 EL Kartoffelstärke**
- **1 TL gehackte Kräuter der Provence**
- **1 Zwiebel**
- **150 g grüne Bohnen**
- **1 gelbe Paprika**
- **1 Stange Lauch**
- **2 TL Rapsöl**
- **50 ml Gemüsebrühe (1/4 TL Instantpulver)**
- **200 g passierte Tomaten (Konserve)**
- **1 TL gehackter Thymian**
- **125 g Cocktailtomaten**

Kartoffeln schälen, in Salzwasser ca. 20 Minuten garen und abgießen. Durch eine Kartoffelpresse drücken, ausdampfen lassen und mit Mehl, Stärke, 1/2 TL Salz und Kräutern zu einem Teig verkneten. Teig zu einer Rolle (Ø 2 cm) formen und in ca. 1 cm breite Stücke schneiden. Teigstücke zu Kugeln formen und mit einer Gabel leicht flach drücken.

Zwiebel schälen. Bohnen, Paprika und Lauch waschen. Paprika entkernen und in Stücke schneiden. Zwiebel würfeln. Bohnen halbieren und Lauch in Ringe schneiden. Öl in einer Pfanne auf mittlerer Stufe erhitzen und Bohnenstücke darin ca. 2 Minuten andünsten. Lauchringe, Paprikastücke und Zwiebelwürfel zufügen und ca. 5 Minuten anbraten. Mit Brühe und Tomaten ablöschen und ca. 10 Minuten garen.

Gemüse mit Thymian verfeinern und mit Salz und Pfeffer abschmecken. Tomaten waschen, halbieren, zum Gemüse geben und weitere ca. 2 Minuten garen. Mini-Kartoffelknödel in Salzwasser 2–3 Minuten gar ziehen lassen, bis sie an der Oberfläche schwimmen, und mit einer Schaumkelle herausheben. Mini-Kartoffelknödel mit Gemüse anrichten und servieren.

Straußenmedaillons mit Salsa und Wassermelonensalat

8 SmartPoints Wert™

fertig in: 60 Minuten | davon aktiv: 50 Minuten
319 kcal | 1332 kJ

Für 2 Personen:

- 4 Straußenfiletmedaillons (à 60 g, ersatzweise 2 Putenschnitzel à 120 g)
- 1 TL Agavendicksaft (ersatzweise Honig)
- 2 TL Senf
- 2 TL Rapsöl
- 1 EL gehackte Petersilie
- 50 ml Gemüsebrühe (1/4 TL Instantpulver)
- Salz, Pfeffer
- 1 Frühlingszwiebel
- 1 gelbe Paprika
- 1 Knoblauchzehe
- 5 Stängel Minze
- 1/2 Zitrone
- 1 EL gehackter Koriander
- 1 Prise Zucker
- 1 unbehandelte Limette
- 2 EL Apfelsaft
- 1 EL heller Balsamicoessig
- 500 g Wassermelonenfruchtfleisch
- 75 g Rucola
- 100 g Schafskäse, 25 % Fett i. Tr.
- 100 g Hüttenkäse, 20 % Fett i. Tr.

Straußenmedaillons abspülen und trocken tupfen. Für die Marinade Agavendicksaft mit Senf, 1 TL Öl, Petersilie und 1 EL Brühe verrühren. Mit Salz und Pfeffer würzen. Marinade und Straußenmedaillons in einen Gefrierbeutel geben, gut verkneten und im Kühlschrank ca. 20 Minuten marinieren.

Für die Salsa Frühlingszwiebel waschen und in feine Ringe schneiden. Paprika waschen, entkernen und fein würfeln. Knoblauch fein hacken. Minze waschen, trocken schütteln und hacken. Restliches Öl in einer Pfanne auf mittlerer Stufe erhitzen und Frühlingszwiebelringe, Paprikawürfel und Knoblauch darin ca. 2 Minuten dünsten. Zitronenhälfte auspressen und Zitronensaft mit Koriander, 1 TL Minze und restlicher Brühe verquirlen. Paprikamischung zugeben und mit Salz, Pfeffer und Zucker würzen.

Für den Salat 1/2 TL Limettenschale abreiben und Limette auspressen. Apfel-, Limettensaft, Essig, Limettenschale und restliche Minze verrühren und mit Salz und Pfeffer würzen. Melonenfruchtfleisch würfeln. Rucola waschen und trocken schleudern. Schafskäse zerbröseln. Melonenwürfel mit Rucola, Dressing, Schafs- und Hüttenkäse vermischen. Wassermelonensalat mit Salz und Pfeffer abschmecken. Straußenmedaillons auf dem Grill 5–10 Minuten von jeder Seite grillen und mit Salsa und Salat servieren.

Rosmarinfilet auf Blattspinat

4 SmartPoints Wert

fertig in: 1 Stunde 40 Minuten I davon aktiv: 30 Minuten
low carb
269 kcal I 1127 kJ

Für 4 Personen:

- **1 Schweinefilet (800 g)**
- **1 Knoblauchzehe**
- **1 TL gehackter Rosmarin**
- **1 TL Zitronensaft**
- **1 EL Tomatenmark**
- **5 TL Olivenöl**
- **3 EL dunkler Balsamicoessig**
- **Salz, Pfeffer**
- **1 Karotte**
- **1 Zwiebel**
- **500 ml Gemüsebrühe (2 TL Instantpulver)**
- **1 kg Blattspinat**
- **1 Prise geriebene Muskatnuss**

Backofen auf 180° C (Gas: Stufe 2, Umluft: 160° C) vorheizen. Schweinefilet trocken tupfen. Knoblauch pressen und mit Rosmarin, Zitronensaft, Tomatenmark, 3 TL Öl und Essig verrühren, salzen und pfeffern. Schweinefilet mit Marinade einpinseln. In einem Bräter ohne weiteres Fett auf mittlerer bis hoher Stufe ca. 2 Minuten rundherum anbraten und im Backofen auf mittlerer Schiene ca. 45 Minuten garen. Karotte und Zwiebel schälen und würfeln. Nach ca. 10 Minuten Garzeit 250 ml Brühe, Karotten- und Zwiebelwürfel in den Bräter geben.

Blattspinat waschen und in Streifen schneiden. Restliches Öl in einer Pfanne auf mittlerer Stufe erhitzen, Blattspinatstreifen darin ca. 5 Minuten andünsten. Mit 100 ml Brühe ablöschen und ca. 10 Minuten garen. Mit Salz, Pfeffer und Muskatnuss abschmecken.

Rosmarinfilet aus dem Bräter nehmen. Bratensatz mit restlicher Brühe in einen Topf geben und pürieren. Mit Salz und Pfeffer würzen. Rosmarinfilet in Scheiben schneiden, mit Blattspinat und Sauce servieren. Nach Wunsch mit rotem Pfeffer garnieren.

Für ein mediterranes Kartoffelpüree zerstampfe 600 g gekochte Kartoffeln mit 100 ml heißer fettarmer Milch und 1 EL Halbfettmargarine. Mit 2 EL Ajvar und 1 TL gehackten italienischen Kräutern verfeinern, salzen und pfeffern. Der SmartPoints Wert pro Person erhöht sich auf 8.

Bunter Weizensalat

7 SmartPoints Wert™

fertig in: 20 Minuten | davon aktiv: 20 Minuten
vegan | laktosefrei
228 kcal | 953 kJ

Für 1 Person:

- **40 g trockener Zartweizen**
- **Salz**
- **100 g Cocktailtomaten**
- **2 Frühlingszwiebeln**
- **1 Bund glatte Petersilie**
- **2 Stängel Minze**
- **2 TL Limettensaft**
- **2 TL Olivenöl**
- **Cayennepfeffer**

Zartweizen nach Packungsanweisung in Salzwasser garen, abgießen und abschrecken. Tomaten waschen und grob würfeln. Frühlingszwiebeln waschen und in feine Ringe schneiden.

Petersilie und Minze waschen, trocken schütteln und hacken. Für das Dressing Limettensaft mit Öl verquirlen und mit Salz und Cayennepfeffer abschmecken. Zartweizen mit Tomatenwürfeln, Frühlingszwiebelringen, Kräutern und Dressing vermischen und bunten Weizensalat servieren.

Dazu passt ein kleiner Tortilla-Wrap. Der Smart Points Wert erhöht sich auf 11.

Milchshake mit Brombeeren

7 SmartPoints Wert

fertig in: 5 Minuten | davon aktiv: 5 Minuten
vegetarisch
65 kcal | 273 kJ

Brombeeren waschen und trocken tupfen. Orangen auspressen. Brombeeren mit Quark, Weizenkleie, Milch und Orangensaft pürieren. Milchshake nach Wunsch mit Minze garniert servieren.

Für 2 Personen:

- **200 g Brombeeren**
- **2 Orangen**
- **1 EL Magerquark**
- **1 EL Weizenkleie**
- **250 ml entrahmte Milch**

Für unterwegs kannst du den Milchshake in auslaufsichere Trinkbecher füllen.

Gefüllte Hähnchenbrust mit Zucchinireis

9 SmartPoints Wert™

fertig in: 40 Minuten | davon aktiv: 35 Minuten
407 kcal | 1703 kJ

Frühlingszwiebeln waschen und in Ringe schneiden, Zucchini waschen und würfeln. Zwiebel schälen und würfeln. Kresse vom Beet schneiden, mit 100 g Frischkäse und Frühlingszwiebeln verrühren, salzen, pfeffern. Hähnchenbrustfilets abspülen, trocken tupfen, jeweils eine Tasche einschneiden, mit Frischkäsemasse füllen und mit Spießen fixieren.

2 TL Öl auf mittlerer Stufe erhitzen, Filets darin 2–3 Minuten von jeder Seite braten, mit 300 ml Brühe ablöschen und mit Deckel ca. 15 Minuten garen. Restliches Öl in einem Topf auf mittlerer Stufe erhitzen, Zucchini und Zwiebelwürfel darin ca. 5 Minuten braten. Reis zugeben, mit restlicher Brühe ablöschen und mit Deckel ca. 10 Minuten garen.

Filets herausnehmen, Sauce mit restlichem Frischkäse verfeinern, salzen, pfeffern. Zucchinireis mit Salz und Pfeffer abschmecken, mit Hähnchenbrust und Sauce servieren.

Für 4 Personen:

2 Frühlingszwiebeln
4 Zucchini
1 Zwiebel
1/2 Beet Kresse
150 g Frischkäse, bis 1 % Fett absolut
Salz, Pfeffer
4 Hähnchenbrustfilets (à 120 g)
3 TL Rapsöl
700 ml Gemüsebrühe (3 TL Instantpulver)
240 g trockener Minutenreis

Gemüsereis mit Tatarröllchen

11 SmartPoints Wert

fertig in: 50 Minuten | davon aktiv: 45 Minuten
439 kcal | 1838 kJ

Zwiebeln und Karotten schälen und fein würfeln. Tomatenpaprikastreifen abtropfen lassen und in Würfel schneiden. Für das Dressing Joghurt mit Senf, Honig und 3 EL Brühe verrühren und mit Salz und Pfeffer abschmecken.

Tatar mit 1 EL Tomatenmark, 1 TL Paprikapulver, Chiliflocken, 2 TL Majoran, Salz und Pfeffer verkneten. Tatarmasse zu 6 Tatarröllchen formen. 1 TL Öl in einem Topf auf mittlerer bis hoher Stufe erhitzen und Zwiebel- und Karottenwürfel mit Reis darin 2–3 Minuten andünsten. Mit restlicher Brühe ablöschen, restliches Tomatenmark einrühren, mit restlichem Paprikapulver würzen und mit Deckel ca. 10 Minuten garen.

Restliches Öl in einer Pfanne auf hoher Stufe erhitzen und Tatarröllchen darin ca. 8 Minuten rundherum braten. Erbsen und Tomatenpaprikawürfel ca. 5 Minuten vor Ende der Garzeit unter den Reis heben. Rucola waschen, trocken schleudern und mit Dressing vermischen. Gemüsereis mit restlichem Majoran verfeinern, mit Salz und Pfeffer abschmecken und mit Tatarröllchen und Salat servieren.

Für 2 Personen:

2 kleine Zwiebeln
2 Karotten
1 Glas Tomatenpaprikastreifen (165 g Abtropfgewicht)
2 EL Magermilchjoghurt
1 TL Senf
1 TL Honig
275 ml Gemüsebrühe (1 TL Instantpulver)
Salz, Pfeffer
250 g Tatar
2 EL Tomatenmark
2 TL Paprikapulver
1/4 TL Chiliflocken
3 TL gehackter Majoran
2 TL Rapsöl
100 g trockener Minutenreis
150 g Erbsen (TK)
80 g Rucola

← Rotbarsch-Garnelen-Spieße

7 SmartPoints Wert

fertig in: 90 Minuten | davon aktiv: 25 Minuten
350 kcal | 1469 kJ

Kartoffeln schälen, würfeln, ca. 20 Minuten in Salzwasser garen und abgießen. Zwiebel schälen und fein würfeln. Knoblauch pressen und mit Kartoffel- und Zwiebelwürfeln, Brühe und 2 TL Öl mischen und ca. 1 Stunde ziehen lassen.

Garnelen und Rotbarschfilet abspülen und trocken tupfen. Rotbarsch würfeln und im Wechsel mit den Garnelen auf 8 Spieße stecken. Restliches Öl in einer Pfanne auf mittlerer bis hoher Stufe erhitzen und Spieße darin ca. 5 Minuten rundherum braten.

1 Prise Limettenschale abreiben und Limette auspressen. Limettensaft mit Limettenschale verrühren, salzen, pfeffern und Spieße damit beträufeln. Spinat waschen, trocken schleudern und mit Wassermelonenkugeln und Kartoffelwürfeln mischen, mit Salz und Pfeffer abschmecken und zu den Rotbarsch-Garnelen-Spießen servieren.

Für 4 Personen:

800 g Kartoffeln
Salz, Pfeffer
1 Zwiebel
1 Knoblauchzehe
250 ml heiße Gemüsebrühe (1 TL Instantpulver)
4 TL Rapsöl
300 g Garnelen
300 g Rotbarschfilet
1 unbehandelte Limette
200 g Babyspinat
20 Wassermelonenkugeln

Limettenlachs mit Basilikumdip

10 SmartPoints Wert

fertig in: 40 Minuten | davon aktiv: 30 Minuten
low carb
278 kcal | 1164 kJ

Limetten waschen. 2 Limetten in Scheiben schneiden und restliche Limette auspressen. Lachsfilets abspülen, trocken tupfen, mit 2 TL Limettensaft beträufeln und mit Salz und Pfeffer würzen. Limettenscheiben nebeneinander auf den Rost legen, Lachsfilets daraufsetzen und 6–8 Minuten von jeder Seite grillen.

Für den Dip Basilikum waschen, trocken schütteln, fein hacken und mit Crème légère, Senf, Salz und Pfeffer verrühren. Limettenlachs mit Basilikumdip servieren.

Für 4 Personen:

3 unbehandelte Limetten
4 Lachsfilets (à 125 g)
Salz, Pfeffer
1/2 Bund Basilikum
50 g Crème légère
2 TL süßer Senf

Tomaten-Rucola-Pizza

4 SmartPoints Wert

fertig in: 75 Minuten | davon aktiv: 20 Minuten
vegetarisch
143 kcal | 600 kJ

Für 12 Stücke:

- **1 Würfel Hefe**
- **230 ml lauwarmes Wasser**
- **400 g Mehl**
- **2 TL Sonnenblumenöl**
- **Salz, Pfeffer**
- **1 Knoblauchzehe**
- **400 g passierte Tomaten (Konserve)**
- **1/2 TL Chilipulver**
- **1 TL gehackter Oregano**
- **1 TL gehacktes Basilikum**
- **1 TL gehackter Thymian**
- **2 Kugeln fettreduzierter Mozzarella**
- **125 g Rucola**

Hefe zerbröseln und in Wasser auflösen. Mit Mehl, Öl und 1 TL Salz zu einem glatten Teig verkneten und zugedeckt an einem warmen Ort ca. 30 Minuten gehen lassen.

Knoblauch pressen. Tomaten mit Knoblauch, Chilipulver und Kräutern verrühren und mit Salz und Pfeffer abschmecken. Backofen auf 180° C (Gas: Stufe 2, Umluft: 160° C) vorheizen.

Teig gut durchkneten, auf einem mit Backpapier ausgelegten Backblech ausrollen und Tomatensauce darauf verteilen. Mozzarella trocken tupfen und in Scheiben schneiden. Pizza damit belegen und im Backofen auf mittlerer Schiene ca. 25 Minuten backen. Rucola waschen, trocken schleudern und in mundgerechte Stücke zerteilen. Pizza mit Rucola bestreut servieren.

Lammfilets auf fruchtiger Mirabellensauce

11 SmartPoints Wert

fertig in: 65 Minuten I davon aktiv: 20 Minuten
408 kcal I 1712 kJ

Kartoffeln schälen, vierteln und in Salzwasser ca. 20 Minuten garen. Schalotten schälen und würfeln. Rosmarin waschen und trocken schütteln. Mirabellen waschen, halbieren und Steine entfernen. Lammfilets trocken tupfen. Broccoli waschen und in Röschen teilen. Broccoliröschen in Salzwasser 10–12 Minuten garen.

Öl in einer Pfanne auf mittlerer bis hoher Stufe erhitzen, Filets darin 5–8 Minuten rundherum braten, salzen, pfeffern und herausnehmen. Schalottenwürfel im Bratensatz kurz andünsten, Mirabellenhälften und Rosmarin dazugeben, mit Brühe ablöschen und 4–5 Minuten köcheln lassen. Kartoffeln abgießen, mit Milch zerstampfen, mit Salz, Pfeffer und Muskatnuss würzen und mit Schnittlauch verfeinern. Broccoliröschen abgießen.

Rosmarin aus der Sauce entfernen. Stärke mit Cremefine anrühren, unterrühren und aufkochen. Mit Salz, Pfeffer, Chilipulver und Zimt würzen. Filets zur Sauce geben und kurz erwärmen. Lammfilets mit Mirabellensauce, Kartoffelpüree und Broccoli servieren.

Für 2 Personen:

500 g mehligkochende Kartoffeln
Salz, Pfeffer
2 Schalotten
3 Zweige Rosmarin
150 g Mirabellen
4 Lammfilets (à 60 g)
500 g Broccoli
2 TL Rapsöl
250 ml Gemüsebrühe (1 TL Instantpulver)
50 ml fettarme Milch
1 Prise geriebene Muskatnuss
1 EL Schnittlauchringe
1 TL Speisestärke
3 EL Cremefine zum Kochen, 7 % Fett
1 Prise Chilipulver
1 Prise Zimt

Waffeltorte mit Waldbeercreme

9 SmartPoints Wert

fertig in: 65 Minuten | davon aktiv: 40 Minuten
vegetarisch
238 kcal | 996 kJ

Für 5 Stücke:

- **200 g Waldbeeren (frisch oder TK)**
- **250 g fettarmer Joghurt**
- **1 Ei (Größe M)**
- **125 ml fettarme Milch**
- **40 g Zucker**
- **130 g Mehl**
- **2 TL Backpulver**
- **2 TL Rapsöl**
- **1 Vanilleschote**
- **100 g saure Sahne**
- **1 EL Ahornsirup**
- **1 TL Puderzucker**

Waldbeeren waschen und trocken tupfen, TK-Beeren gegebenenfalls auftauen lassen. Für den Waffelteig 125 g Joghurt mit Ei, Milch und Zucker verrühren. Mehl und Backpulver mischen, unter den Teig rühren und ca. 20 Minuten quellen lassen.

Waffeleisen portionsweise mit Öl fetten, darin aus dem Teig nacheinander 4 Herzwaffeln backen und auskühlen lassen. Die Hälfte der Waldbeeren pürieren und durch ein Sieb streichen. Vanilleschote längs aufschneiden und das Mark herauskratzen. Für die Creme saure Sahne mit restlichem Joghurt, Waldbeerpüree, Vanillemark und Ahornsirup verrühren.

3 Waffeln mit Waldbeercreme bestreichen und restliche Beeren darauf verteilen. Waffeln aufeinandersetzen und mit letzter Waffel abdecken. Waffeltorte mit Puderzucker bestäubt servieren.

Video

Herbst

Klassisches Hühnerfrikassee

10 SmartPoints Wert

fertig in: 75 Minuten | davon aktiv: 25 Minuten
660 kcal | 2759 kJ

Geflügel abspülen, trocken tupfen, mit Fond aufkochen und ca. 30 Minuten garen. Champignons trocken abreiben und vierteln. Spargel abtropfen lassen. Kerbel waschen, trocken schütteln und hacken. Fleisch herausnehmen, gegebenenfalls vom Knochen lösen und klein schneiden. Brühe durch ein Sieb geben und 250 ml davon auffangen.

Reis nach Packungsanweisung in Salzwasser garen. Margarine in einem Topf schmelzen, Mehl darin anschwitzen, unter Rühren mit Brühe ablöschen und aufkochen. Hähnchenfleisch, Spargel, Erbsen, Kapern und Champignonviertel zugeben und ca. 10 Minuten köcheln lassen. Hühnerfrikassee mit Schmand und Kerbel verfeinern, salzen, pfeffern und mit Reis servieren.

Für 2 Personen:

120 g Hähnchenbrustfilet
1 Hähnchenschenkel, ohne Haut (220 g)
400 ml Geflügelfond
200 g Champignons
100 g Spargelstücke (Glas)
1/2 Bund Kerbel
80 g trockener Langkornreis
Salz, Pfeffer
1 EL Halbfettmargarine
1 EL Mehl
100 g Erbsen (TK)
1 TL Kapern
1 EL Schmand

Feldsalat mit Knoblauchchampignons

9 SmartPoints Wert

fertig in: 20 Minuten | davon aktiv: 10 Minuten
vegetarisch
292 kcal | 1223 kJ

Salat waschen, trocken schleudern und auf Tellern verteilen. Champignons trocken abreiben und halbieren. Knoblauch pressen. 1 TL Öl in einer Pfanne auf mittlerer bis hoher Stufe erhitzen, Champignonhälften mit Knoblauch darin ca. 5 Minuten braten und mit Salz, Pfeffer und Kräutern würzen.

Toast in Würfel schneiden. Restliches Öl in einer Pfanne auf hoher Stufe erhitzen, Toastwürfel darin 2–3 Minuten knusprig braten und mit Salz und Pfeffer würzen.

Brühe mit Essig, Konfitüre und Senf verquirlen. Mit Salz und Pfeffer abschmecken und Salat mit Dressing beträufeln. Champignons und Croûtons auf dem Salat verteilen und mit Baguette servieren.

Für 2 Personen:

150 g Feldsalat
300 g kleine Champignons
1 Knoblauchzehe
3 TL Rapsöl
Salz, Pfeffer
1 TL getrocknete Kräuter der Provence
2 kleine Scheiben Toast
75 ml Gemüsebrühe (1/4 TL Instantpulver)
2 EL Apfelessig
3 TL Aprikosenkonfitüre
1 TL Senf
4 Scheiben Baguette

Rote-Bete-Salat mit Ziegenkäse

13 SmartPoints Wert

fertig in: 45 Minuten | davon aktiv: 20 Minuten
vegetarisch
330 kcal | 1387 kJ

Rote Bete waschen und mit Schale in kochendem Wasser ca. 25 Minuten garen. Pinienkerne fettfrei in einer Pfanne auf mittlerer Stufe 2–3 Minuten rösten. Für das Dressing Apfelsaft, Essig und Öl verquirlen und mit Salz und Pfeffer kräftig abschmecken.

Rote Bete abgießen und die Schale abziehen. Rote Bete in dünne Scheiben schneiden oder hobeln und dachziegelartig auf Tellern anrichten. Mit Dressing beträufeln, mit Ziegenfrischkäsestücken, Pinienkernen und Petersilie bestreuen und mit Laugenbrezeln servieren.

Für 2 Personen:

600 g Rote Bete
1 EL Pinienkerne
50 ml Apfelsaft
2–3 EL Himbeeressig
1 TL Walnussöl
Salz, Pfeffer
4 EL Ziegenfrischkäse, 45 % Fett i. Tr.
1 EL gehackte glatte Petersilie
2 Laugenbrezel

Rote Bete färbt stark, deshalb solltest du bei der Verarbeitung immer Handschuhe tragen. Und wenn es mal schnell gehen soll, verwende einfach vakuumverpackte, vorgegarte Rote Bete.

Kürbissuppe mit Apfel und Ingwer

3 SmartPoints Wert

fertig in: 1 Stunde 50 Minuten | davon aktiv: 20 Minuten
vegetarisch | einfrieren
65 kcal | 273 kJ

Für 4 Personen:

- **1 Stück Ingwer (ca. 3 cm)**
- **1 kleine Stange Lauch**
- **130 g Apfelmus (ohne Zucker)**
- **750 g Kürbis**
- **3 säuerliche Äpfel (z. B. Boskoop)**
- **950 ml Gemüsebrühe (4 TL Instantpulver)**
- **Salz, Pfeffer**
- **125 ml Cremefine zum Kochen, 15 % Fett**

Ingwer reiben. Lauch waschen und in Ringe schneiden. Ingwer, Lauchringe und Apfelmus in einem großen Topf vermischen und mit Deckel auf niedriger Stufe ca. 10 Minuten köcheln lassen.

Kürbis schälen, halbieren und Kerne mit einem Löffel entfernen. Äpfel schälen, vierteln, entkernen und mit Kürbis in Stücke schneiden. Mit 250 ml Brühe in den Topf geben und mit Deckel ca. 1 Stunde köcheln lassen.

Suppe pürieren. Restliche Brühe einrühren, mit Salz und Pfeffer würzen und weitere ca. 10 Minuten köcheln lassen. Mit Cremefine verfeinern. Nach Wunsch mit Salbeiblättern garniert servieren.

Kürbis mit Gemüsefüllung

2 SmartPoints Wert

fertig in: 70 Minuten | davon aktiv: 20 Minuten
77 kcal | 323 kJ

Für 2 Personen:

- **150 g mehligkochende Kartoffeln**
- **1 Karotte**
- **Salz, Pfeffer**
- **1 Hokkaidokürbis (ca. 1 kg)**
- **1 Zwiebel**
- **1 grüne Paprika**
- **1 Knoblauchzehe**
- **1 TL Rapsöl**
- **1 Msp. Chilipulver**
- **1/2 TL Paprikapulver**
- **2 TL gehackter Thymian**
- **50 ml Gemüsebrühe (1/4 TL Instantpulver)**

Kartoffeln und Karotte schälen, würfeln, in Salzwasser ca. 5 Minuten vorgaren und abgießen. Kürbis waschen, einen Deckel abschneiden und Kerne mit einem Löffel entfernen. Vom Boden für eine gerade Standfläche eine dünne Scheibe abschneiden. Backofen auf 200° C (Gas: Stufe 3, Umluft: 180° C) vorheizen.

Zwiebel schälen und würfeln. Paprika waschen, entkernen und in kleine Stücke schneiden. Knoblauch pressen. Öl in einer Pfanne auf mittlerer Stufe erhitzen und Gemüse mit Zwiebel und Knoblauch darin 2–3 Minuten andünsten. Mit Salz, Pfeffer, Chili-, Paprikapulver und Thymian würzen.

Kürbis von innen salzen und in eine Auflaufform (Ø 20 cm) setzen. Gemüse in den Kürbis geben, andrücken, mit Brühe auffüllen und Deckel aufsetzen. Kürbis im Backofen auf unterster Schiene ca. 40 Minuten backen, in zwei Hälften zerteilen und servieren.

Schweinebraten mit Parmesankruste

8 SmartPoints Wert

fertig in: 2 Stunden 5 Minuten I davon aktiv: 40 Minuten
636 kcal I 2663 kJ

Backofen auf 200° C (Gas: Stufe 3, Umluft: 180° C) vorheizen. Zwiebeln, Karotten und Pastinaken schälen. Zwiebeln in Spalten, Karotten und Pastinaken in Stücke schneiden. Fenchel waschen, halbieren, den Strunk entfernen und Fenchel in Streifen schneiden. Schweinebraten trocken tupfen, mit Salz, Pfeffer und Paprikapulver würzen.

Schweinebraten mit Gemüse, Lorbeerblättern und Wacholderbeeren in einen Bräter geben, Brühe angießen und mit Deckel im Backofen im unteren Drittel ca. 90 Minuten garen.

Kräuter waschen, trocken schütteln und hacken, 1 EL zur Seite stellen. Ei trennen. Eigelb mit Kräutern, Paniermehl und Parmesan verrühren, salzen, pfeffern. Eiklar leicht steif schlagen und unterheben. Auf dem Braten verteilen und ohne Deckel weitere ca. 15 Minuten garen. Lorbeerblätter und Wacholderbeeren entfernen, restliche Kräuter unter das Gemüse heben, salzen, pfeffern und mit Schweinebraten und Brot servieren.

Für 4 Personen:

2 Zwiebeln
4 Karotten
2 Pastinaken
2 Fenchelknollen
800 g magerer Schweinebraten
Salz, Pfeffer
1 TL Paprikapulver
3 Lorbeerblätter
6 Wacholderbeeren
250 ml Gemüsebrühe (1 TL Instantpulver)
1 Bund Petersilie
5 Zweige Thymian
3 Stängel Salbei
1 Ei (Größe M)
4 EL Paniermehl
2 EL geriebener Parmesan
4 Scheiben Bauernbrot

Video

Würziges Rotweingulasch

11 SmartPoints Wert

fertig in: 2 Stunden 15 Minuten | davon aktiv: 30 Minuten
392 kcal | 1643 kJ

Karotten, Sellerie und Zwiebeln schälen. Karotten und Sellerie in Würfel, Zwiebeln in Spalten schneiden. Gulasch trocken tupfen und gegebenenfalls kleiner schneiden.

Öl in einem Topf auf mittlerer bis hoher Stufe erhitzen und Gulasch darin portionsweise 3–5 Minuten rundherum anbraten. Tomatenmark, Zwiebelspalten, Karotten- und Selleriewürfel dazugeben und ca. 5 Minuten mitbraten. Mit Salz, Pfeffer und Paprikapulver würzen, mit Rotwein und Brühe ablöschen und mit Deckel ca. 90 Minuten schmoren.

Spätzle nach Packungsanweisung in Salzwasser garen und abgießen. Rotweingulasch mit Salz und Pfeffer abschmecken, mit Petersilie bestreuen und mit Spätzle servieren.

Für 4 Personen:

500 g Karotten
1 kleiner Knollensellerie (ca. 600 g)
2 Zwiebeln
600 g Rindergulasch
3 TL Rapsöl
2 EL Tomatenmark
Salz, Pfeffer
1 TL Paprikapulver
100 ml trockener Rotwein
250 ml Gemüsebrühe (1 TL Instantpulver)
200 g trockene Spätzle
1 EL gehackte Petersilie

Weintrauben-Chicorée-Salat

3 SmartPoints Wert

fertig in: 25 Minuten | davon aktiv: 25 Minuten
glutenfrei
114 kcal | 477 kJ

Hähnchenbrustfilet abspülen, trocken tupfen und in Streifen schneiden. Mit Salz, Pfeffer und Chiliflocken würzen. Öl in einer Pfanne auf hoher Stufe erhitzen und Hähnchenbruststreifen darin ca. 5 Minuten rundherum braten.

Apfel und Weintrauben waschen. Apfel vierteln, entkernen und in Scheiben schneiden. Chicorée waschen, längs halbieren, den Strunk entfernen, die einzelnen Blätter ablösen und mit 1 TL Zitronensaft beträufeln. Chicoréeblätter, Hähnchenbruststreifen, Weintrauben und Apfelscheiben auf 2 Tellern verteilen.

Für das Dressing Joghurt mit restlichem Zitronensaft und Schnittlauch verrühren. Mit Salz und Pfeffer würzen, über den Weintrauben-Chicorée-Salat geben und servieren.

Für 2 Personen:

- **120 g Hähnchenbrustfilet**
- **Salz, Pfeffer**
- **Chiliflocken**
- **1 TL Olivenöl**
- **1 süßlicher Apfel (z. B. Gala)**
- **100 g rote kernlose Weintrauben**
- **2 Chicorée**
- **2 TL Zitronensaft**
- **125 g fettarmer Joghurt**
- **1 EL Schnittlauchringe**

Rote-Bete-Frischkäse

1 SmartPoints Wert

fertig in: 10 Minuten | davon aktiv: 10 Minuten
vegetarisch
111 kcal | 466 kJ

Rote Bete trocken tupfen und in grobe Stücke schneiden. Ingwer schälen und hacken. Rote Bete mit Ingwer fein pürieren.

Rote-Bete-Püree mit Frischkäse verrühren. Rote-Bete-Frischkäse mit Zitronensaft verfeinern, mit Salz und Pfeffer abschmecken und mit Brot servieren.

Der Rote-Bete-Frischkäse hält sich für 1–2 Tage im Kühlschrank.

Für 4 Personen:

300 g vorgegarte Rote Bete (vakuumverpackt)
10 g Ingwer
3 EL Frischkäse, bis 1 % Fett absolut
1 TL Zitronensaft
Salz, Pfeffer
4 Scheiben Roggenvollkornbrot (Schwarzbrot)

Hirserisotto mit gebratenem Sellerie

8 SmartPoints Wert

fertig in: 40 Minuten | davon aktiv: 10 Minuten
vegetarisch
298 kcal | 1245 kJ

Schalotten schälen, würfeln und in Wasser glasig dünsten. Hirse hinzufügen, kurz mitdünsten, mit Brühe ablöschen und auf niedriger Stufe ca. 20 Minuten köcheln lassen.

Sellerie schälen und in ca. 2 cm große Würfel schneiden. Knoblauch in dünne Scheiben schneiden. Öl in einer Pfanne auf mittlerer bis hoher Stufe erhitzen, Selleriewürfel mit Knoblauchscheiben darin ca. 10 Minuten braten und mit Salz, Pfeffer, Paprikapulver und Rosmarin würzen.

Tomate waschen, in Würfel schneiden und unter das Hirserisotto rühren. Mit Frischkäse und Kräutern verfeinern und mit Salz, Pfeffer und Currypulver abschmecken. Hirserisotto mit Sellerie servieren.

Für 2 Personen:

3 Schalotten
2 EL Wasser
120 g trockene Hirse
350 ml Gemüsebrühe (1 1/2 TL Instantpulver)
350 g Knollensellerie
1 Knoblauchzehe
2 TL Olivenöl
Salz, Pfeffer
1 TL Paprikapulver
1 TL gehackter Rosmarin
1 Fleischtomate
100 g Frischkäse, bis 1 % Fett absolut
2 EL gemischte gehackte Kräuter
1 TL Currypulver

Kohlrabi-Lauch-Eintopf mit Petersilienpesto

5 SmartPoints Wert

fertig in: 30 Minuten | davon aktiv: 20 Minuten
vegan | einfrieren
215 kcal | 900 kJ

Zwiebel mit Karotte, Kohlrabi und Kartoffeln schälen und würfeln. Lauch waschen und in feine Ringe schneiden. Öl in einem Topf auf mittlerer Stufe erhitzen und Zwiebelwürfel darin ca. 2 Minuten andünsten. Restliches Gemüse dazugeben und 4–5 Minuten mitdünsten. Mit 500 ml Brühe ablöschen, salzen, pfeffern und 10–15 Minuten köcheln lassen.

Für das Pesto Petersilie waschen, trocken schütteln, mit restlicher Brühe und Haselnüssen pürieren und mit Salz und Pfeffer abschmecken. Kohlrabi-Lauch-Eintopf mit Salz und Pfeffer abschmecken, mit Petersilienpesto garnieren oder einrühren und servieren.

Für 1 Person:

- **1 Zwiebel**
- **1 kleine Karotte**
- **1 Kohlrabi**
- **100 g festkochende Kartoffeln**
- **1 kleine Stange Lauch**
- **1 TL Rapsöl**
- **550 ml Gemüsebrühe (2 TL Instantpulver)**
- **Salz, Pfeffer**
- **1/2 Bund glatte Petersilie**
- **1 EL gehackte Haselnüsse**

Petersiliencreme mit Weißwein

4 SmartPoints Wert

fertig in: 45 Minuten | davon aktiv: 15 Minuten
vegetarisch
114 kcal | 478 kJ

Schalotten, Kartoffeln und Petersilienwurzeln schälen. Von den Kartoffeln 8 dünne Scheiben abhobeln, restliche Kartoffeln mit Schalotten und Petersilienwurzeln würfeln. 1 TL Öl in einem Topf auf mittlerer Stufe erhitzen und Gemüsewürfel darin 2–3 Minuten anbraten. Mit Brühe und Weißwein ablöschen und ca. 20 Minuten garen.

Restliches Öl in einer Pfanne auf mittlerer Stufe erhitzen und Kartoffelscheiben darin 2–3 Minuten von jeder Seite braun braten, salzen und pfeffern. Petersilie waschen, trocken schütteln und einige Blätter zur Seite legen. Restliche Petersilie grob hacken, zur Suppe geben und pürieren. Suppe mit Cremefine verfeinern und mit Salz, Pfeffer und Muskatnuss abschmecken. Petersiliencreme mit Kartoffelscheiben und Petersilie garniert servieren.

Für 4 Personen:

- **2 Schalotten**
- **250 g mehligkochende Kartoffeln**
- **500 g Petersilienwurzeln**
- **2 TL Rapsöl**
- **1 Liter Gemüsebrühe (1 EL Instantpulver)**
- **100 ml trockener Weißwein**
- **Salz, Pfeffer**
- **1 Bund glatte Petersilie**
- **125 ml Cremefine zum Kochen, 7 % Fett**
- **1 Prise geriebene Muskatnuss**

Scholle mit Spinatkartoffeln

10 SmartPoints Wert

fertig in: 45 Minuten | davon aktiv: 15 Minuten
glutenfrei | laktosefrei
493 kcal | 2071 kJ

Für 1 Person:

- **250 g festkochende Kartoffeln**
- **Salz, Pfeffer**
- **1 Zwiebel**
- **250 g Babyspinat (ersatzweise 200 g TK)**
- **1/2 unbehandelte Zitrone**
- **180 g Schollenfilet**
- **2 TL Rapsöl**
- **1 Prise Paprikapulver**
- **1 Prise geriebene Muskatnuss**

Kartoffeln schälen, in Scheiben schneiden und in Salzwasser ca. 15 Minuten garen. Zwiebel schälen und würfeln. Spinat waschen und trocken schleudern, TK-Spinat auftauen lassen und ausdrücken. Zitrone in Spalten schneiden. Schollenfilet abspülen und trocken tupfen. Kartoffelscheiben abgießen.

1 TL Öl in einer Pfanne auf mittlerer bis hoher Stufe erhitzen, Zwiebelwürfel und Kartoffelscheiben zufügen, mit Paprikapulver bestäuben und darin 5–8 Minuten braten. Spinat hinzufügen, mit Salz, Pfeffer und Muskatnuss würzen und weitere ca. 5 Minuten braten.

Restliches Öl in einer Pfanne auf hoher Stufe erhitzen und Schollenfilet darin 3–5 Minuten von jeder Seite braten. Mit Salz und Pfeffer würzen. Scholle mit Zitronenspalten und nach Wunsch mit Petersilie garnieren und mit Spinatkartoffeln servieren.

Kartoffel-Steckrüben-Stampf mit Schnitzeln

10 SmartPoints Wert

fertig in: 35 Minuten | davon aktiv: 30 Minuten
358 kcal | 1502 kJ

Kartoffeln und Steckrübe schälen, würfeln und in 750 ml Brühe ca. 15 Minuten garen. Für den Salat Fenchel waschen und Fenchelgrün hacken. Fenchel halbieren, die Strünke entfernen und Fenchel in feine Streifen schneiden.

Für das Dressing Zitronenhälfte auspressen. 1–2 EL Zitronensaft mit Joghurt, Honig, Fenchelgrün und restlicher Brühe verquirlen, salzen und pfeffern. Dressing mit Fenchelstreifen vermischen. Kalbsschnitzel trocken tupfen, flacher klopfen und in 4 Stücke schneiden. Öl in einer Pfanne auf hoher Stufe erhitzen und Schnitzelstücke darin 3–5 Minuten von jeder Seite braten.

Kartoffel- und Steckrübenwürfel abgießen und zerstampfen. Kartoffel-Steckrüben-Stampf mit Petersilie verfeinern und mit Salz, Pfeffer und Muskatnuss würzen. Kalbsschnitzel mit Salz und Pfeffer würzen und mit Kartoffel-Steckrüben-Stampf und Fenchelsalat servieren.

Für 2 Personen:

- **700 g mehligkochende Kartoffeln**
- **1 Steckrübe (ca. 700 g)**
- **800 ml Gemüsebrühe (4 TL Instantpulver)**
- **2 Fenchelknollen**
- **1/2 Zitrone**
- **1 EL fettarmer Joghurt**
- **1 TL Honig**
- **Salz, Pfeffer**
- **1 Kalbsschnitzel (160 g)**
- **1 TL Rapsöl**
- **1 EL gehackte Petersilie**
- **1 Prise geriebene Muskatnuss**

Grünkohl mit Cranberrys

9 SmartPoints Wert

fertig in: 50 Minuten | davon aktiv: 10 Minuten
vegetarisch
251 kcal | 1052 kJ

Grünkohl putzen und in kleine Stücke zerteilen. Zwiebel schälen und würfeln. Öl in einem Topf auf mittlerer bis hoher Stufe erhitzen und Zwiebelwürfel darin glasig anbraten. Grünkohl dazugeben und kurz mitbraten. Cranberrys zufügen, mit Brühe ablöschen und mit Deckel ca. 40 Minuten schmoren.

Drillinge waschen, mit Schale in Salzwasser ca. 15 Minuten garen und abgießen. Grünkohl mit Salz, Pfeffer und Muskatnuss würzen. Limettenschale abreiben und Limettenhälfte auspressen. Joghurt mit 1 Prise Limettenschale und 1/2 TL Limettensaft verrühren und mit Salz und Pfeffer abschmecken. Grünkohl mit Drillingen und Limettendip servieren.

Für 2 Personen:

- **600 g Grünkohl**
- **1 Zwiebel**
- **2 TL Rapsöl**
- **25 g getrocknete Cranberrys**
- **125 ml Gemüsebrühe (1/2 TL Instantpulver)**
- **400 g Drillinge (kleine Kartoffeln)**
- **Salz, Pfeffer**
- **2 Prisen geriebene Muskatnuss**
- **1/2 unbehandelte Limette**
- **125 g fettarmer Joghurt**

Du isst gerne Fleisch? Dann ergänze das Rezept um 2 Hirschsteaks (à 140 g) und brate diese in 2 TL Olivenöl. Der SmartPoints Wert pro Person erhöht sich auf 13.

Ziegenkäsetörtchen mit Feigen

4 SmartPoints Wert

fertig in: 20 Minuten | davon aktiv: 10 Minuten
vegetarisch
89 kcal | 373 kJ

Für 6 Stück:

4 Feigen
120 g Ziegenweichkäse, 45 % Fett i. Tr.
1 TL Halbfettmargarine
2 Blätter Filoteig
1 EL Mangochutney
1 TL gehackter Rosmarin

Backofen auf 200° C (Gas: Stufe 3, Umluft: 180° C) vorheizen. Feigen waschen und mit Käse in Würfel schneiden. Muffinblech mit Margarine einfetten. Teigblätter jeweils in 6 gleich große Rechtecke (ca. 10 x 15 cm) schneiden.

Je 2 Rechtecke versetzt in die Muffinmulden legen. Chutney auf den Teigböden verteilen und mit Ziegenkäse- und Feigenwürfeln füllen. Mit Rosmarin bestreuen und im Backofen auf mittlerer Schiene ca. 10 Minuten backen. Ziegenkäsetörtchen etwas abkühlen lassen, aus der Form lösen und servieren.

Wirsingtaler mit Herbstpilzen

9 SmartPoints Wert

fertig in: 65 Minuten | davon aktiv: 20 Minuten
vegetarisch
304 kcal | 1275 kJ

Für 2 Personen:

- **300 g mehligkochende Kartoffeln**
- **Salz, Pfeffer**
- **300 g Wirsing**
- **250 ml Gemüsebrühe (1 TL Instantpulver)**
- **250 g gemischte Pilze (z. B. braune Champignons und Steinpilze)**
- **1 Zwiebel**
- **1 Ei (Größe M)**
- **1 EL Kartoffelstärke**
- **1 Prise geriebene Muskatnuss**
- **2 TL Rapsöl**
- **3 EL Schmand**
- **1 EL gehackter Kerbel**

Kartoffeln schälen und in Salzwasser ca. 20 Minuten garen. Wirsing putzen, den Strunk entfernen und Wirsing in Streifen schneiden. Wirsingstreifen in 150 ml Brühe ca. 20 Minuten garen und eine Hälfte mit Brühe pürieren. Kartoffeln abgießen, durch eine Presse drücken und abkühlen lassen. Pilze trocken abreiben und halbieren. Zwiebel schälen und in Würfel schneiden.

Wirsingpüree, -streifen und Kartoffelmasse vermischen. Ei und Stärke unterrühren, mit Salz, Pfeffer und Muskatnuss würzen und zu 6 Talern formen. Öl in einer Pfanne auf mittlerer bis hoher Stufe erhitzen und Wirsingtaler darin ca. 5 Minuten von jeder Seite braten, aus der Pfanne nehmen und im Backofen bei 60° C warm stellen.

Pilzhälften und Zwiebelwürfel im Bratensatz ca. 5 Minuten braten, mit restlicher Brühe ablöschen und mit Schmand verfeinern. Sauce ca. 5 Minuten einkochen lassen und mit Salz und Pfeffer würzen. Wirsingtaler und Herbstpilze mit Kerbel bestreut servieren.

Rumpsteaks mit Kartoffelwedges

9 SmartPoints Wert

fertig in: 55 Minuten | davon aktiv: 20 Minuten
409 kcal | 1717 kJ

Backofen auf 180° C (Gas: Stufe 2, Umluft: 160° C) vorheizen. Kartoffeln waschen und in Spalten schneiden. 1 TL Öl mit Paprika- und Chilipulver verrühren. Kartoffelspalten mit Würzöl mischen, salzen und auf ein mit Backpapier ausgelegtes Backblech geben. Im Backofen auf mittlerer Schiene ca. 45 Minuten backen, dabei mehrmals wenden.

Rumpsteaks trocken tupfen. Restliches Öl in einer Pfanne auf hoher Stufe erhitzen und Steaks darin 3–5 Minuten von jeder Seite braten. Knoblauch pressen und mit Margarine und Kräutern verkneten, salzen und pfeffern. Steaks salzen, pfeffern und mit Kräuterpaste und Kartoffelwedges servieren.

Für 2 Personen:

- **350 g festkochende Kartoffeln**
- **2 TL Olivenöl**
- **1/2 TL Paprikapulver**
- **1/2 TL Chilipulver**
- **Salz, Pfeffer**
- **2 Rumpsteaks (à 150 g)**
- **1/2 Knoblauchzehe**
- **2 TL Halbfettmargarine**
- **1/2 TL gemischte gehackte Kräuter**

Rotkohlsalat nach Mecklenburger Art

9 SmartPoints Wert

fertig in: 50 Minuten | davon aktiv: 20 Minuten
vegetarisch
185 kcal | 776 kJ

Rotkohl putzen, vierteln, den Strunk entfernen und Rotkohl in feine Streifen schneiden oder hobeln. Rotkohlstreifen mit 1 TL Salz mischen, ca. 5 Minuten verkneten und ca. 30 Minuten ziehen lassen. Frühlingszwiebeln waschen und in feine Ringe schneiden, Apfelringe würfeln.

Cremefine mit Öl, Frühlingszwiebelringen und Apfelwürfeln zu den Rotkohlstreifen geben, mit Nelken würzen und mit Salz und Pfeffer abschmecken. Rotkohlsalat mit Vollkornbrötchen servieren.

Für 4 Personen:

- **1 Rotkohl (ca. 1 kg)**
- **Salz, Pfeffer**
- **1/2 Bund Frühlingszwiebeln**
- **50 g getrocknete Apfelringe**
- **100 ml Cremefine zum Kochen, 7 % Fett**
- **2 TL Rapsöl**
- **1 Prise gemahlene Nelken**
- **4 Vollkornbrötchen**

Schupfnudeln mit Sauerkraut und Räuchertofu

12 SmartPoints Wert

fertig in: 65 Minuten | davon aktiv: 20 Minuten
vegetarisch
380 kcal | 1594 kJ

Für 2 Personen:

- 250 g mehligkochende Kartoffeln
- Salz, Pfeffer
- 200 g Räuchertofu
- 50 g Mehl
- 1 Eigelb (Größe M)
- 1 Prise geriebene Muskatnuss
- 1 Dose Sauerkraut (350 g Abtropfgewicht)
- 100 ml Gemüsebrühe (1/2 TL Instantpulver)
- 4 Wacholderbeeren
- 2 TL Rapsöl
- 1 EL gemischte gehackte Kräuter

Kartoffeln schälen und in Salzwasser ca. 20 Minuten garen. Tofu in kleine Würfel schneiden. Kartoffeln abgießen, durch eine Presse drücken und abkühlen lassen. Kartoffelmasse mit Mehl, Eigelb, 1/2 TL Salz und Muskatnuss zu einem Teig verkneten. Teig zu Rollen (Ø 2 cm) formen, in ca. 6 cm lange Stücke schneiden und Teigstücke zu Schupfnudeln formen.

Sauerkraut in einem Topf mit Brühe und Wacholderbeeren ca. 15 Minuten dünsten. Schupfnudeln in siedendem Salzwasser ca. 5 Minuten auf niedriger Stufe ziehen lassen, bis sie oben schwimmen. Schupfnudeln mit einer Schaumkelle herausnehmen und abtropfen lassen.

Öl in einer Pfanne auf hoher Stufe erhitzen und Tofuwürfel darin ca. 2 Minuten anbraten. Schupfnudeln dazugeben und 4–5 Minuten mitbraten. Wacholderbeeren aus dem Sauerkraut entfernen und Sauerkraut mit Salz und Pfeffer abschmecken. Schupfnudeln mit Kräutern bestreut mit Sauerkraut servieren.

Kürbisspalten mit Ricotta-Nuss-Cannelloni

13 SmartPoints Wert

fertig in: 55 Minuten | davon aktiv: 15 Minuten
vegetarisch | einfrieren
391 kcal | 1637 kJ

Für 4 Personen:

- **50 g Paranüsse**
- **125 g Ricotta**
- **200 g Frischkäse, bis 1 % Fett absolut**
- **1 Ei (Größe M)**
- **Salz, Pfeffer**
- **1 Prise geriebene Muskatnuss**
- **8 trockene Cannelloni**
- **1 Zwiebel**
- **1 Knoblauchzehe**
- **3 TL Rapsöl**
- **400 g stückige Tomaten (Konserve)**
- **2 TL gehackter Oregano**
- **60 g geriebener Gouda, 30 % Fett i. Tr.**
- **1 Hokkaidokürbis (ca. 800 g)**
- **2 EL Ahornsirup**

Nüsse hacken und fettfrei in einer Pfanne auf mittlerer Stufe 2–3 Minuten rösten. Mit Ricotta, Frischkäse und Ei verrühren und mit Salz, Pfeffer und Muskatnuss würzen. Nussmasse in die Cannelloni füllen und diese in eine Auflaufform (ca. 15 x 25 cm) legen. Backofen auf 200° C (Gas: Stufe 3, Umluft: 180° C) vorheizen.

Zwiebel schälen und in Würfel schneiden, Knoblauch pressen. 1 TL Öl in einer Pfanne auf mittlerer bis hoher Stufe erhitzen, Zwiebelwürfel mit Knoblauch darin 2–3 Minuten andünsten und mit Tomaten ablöschen. Tomatensauce mit Salz, Pfeffer und Oregano würzen und Cannelloni damit übergießen. Mit Käse bestreuen und im Backofen auf mittlerer Schiene 20–25 Minuten backen.

Kürbis waschen, halbieren, Kerne mit einem Löffel entfernen und Kürbis in Spalten schneiden. Restliches Öl in einer Pfanne auf mittlerer bis hoher Stufe erhitzen und Kürbisspalten darin von jeder Seite ca. 2 Minuten goldbraun braten. Ahornsirup zugeben, salzen, pfeffern und weitere ca. 5 Minuten braten. Ricotta-Nuss-Cannelloni mit Kürbisspalten servieren.

Pastinakensuppe mit Pistou

10 SmartPoints Wert

fertig in: 35 Minuten | davon aktiv: 10 Minuten
einfrieren
328 kcal | 1371 kJ

Pastinaken und Zwiebel schälen und in Würfel schneiden. 2 TL Öl in einem Topf auf mittlerer bis hoher Stufe erhitzen und Pastinaken- mit Zwiebelwürfeln darin 3–5 Minuten anbraten. Gemüse mit 300 ml Brühe ablöschen und ca. 20 Minuten köcheln lassen.

Für das Pistou Petersilie waschen, trocken schütteln, Blätter von den Stängeln zupfen und fein hacken. Knoblauch pressen und mit Petersilie, Parmesan, restlicher Brühe, restlichem Öl und Essig verrühren. Pistou mit Salz und Pfeffer abschmecken.

Milch zur Suppe geben und erwärmen. Suppe pürieren und mit Salz und Pfeffer abschmecken. Pastinakensuppe mit Pistou garnieren und mit Baguette servieren.

Für 2 Personen:

400 g Pastinaken
1 kleine Zwiebel
3 TL Rapsöl
350 ml Gemüsebrühe
(1 1/2 TL Instantpulver)
1/4 Bund Petersilie
1/2 Knoblauchzehe
2 EL geriebener Parmesan
1 TL heller Balsamicoessig
Salz, Pfeffer
250 ml fettarme Milch
4 Scheiben Vollkornbaguette

Pfannkuchen mit Birnen-Quark-Füllung

11 SmartPoints Wert

fertig in: 30 Minuten | davon aktiv: 15 Minuten
vegetarisch
351 kcal | 1469 kJ

Birne waschen, vierteln, entkernen und in Würfel schneiden. Birnenwürfel in einem Topf auf mittlerer Stufe mit Wasser und Zimt ca. 5 Minuten dünsten. Quark und Ahornsirup verrühren und Birnenwürfel unterheben.

Mehl, Milch und Ei zu einem Teig verrühren. Je 1 TL Öl portionsweise in einer Pfanne auf mittlerer Stufe erhitzen. Nacheinander 2 Pfannkuchen backen und dabei von jeder Seite 2–4 Minuten braten. Pfannkuchen mit Birnenquark bestreichen, einrollen und servieren.

Für 2 Personen:

- **1 Birne**
- **2 EL Wasser**
- **1/2 TL Zimt**
- **125 g Magerquark**
- **1 TL Ahornsirup**
- **100 g Vollkornmehl**
- **150 ml fettarme Milch**
- **1 Ei (Größe M)**
- **2 TL Rapsöl**

Rinderbraten mit Barolosauce

13 SmartPoints Wert

fertig in: 1 Stunde 40 Minuten | davon aktiv: 25 Minuten
511 kcal | 2141 kJ

Sellerie waschen. Karotte und Zwiebel schälen. Tomaten waschen, entkernen und mit Sellerie, Karotte und Zwiebel würfeln. Knoblauch pressen. Rinderbraten trocken tupfen und salzen. Backofen auf 160° C (Gas: Stufe 1, Umluft: 140° C) vorheizen.

1 TL Öl in einem Bräter erhitzen, Rinderbraten darin ca. 5 Minuten rundherum anbraten. Sellerie-, Karotten- und Zwiebelwürfel mit Knoblauch zufügen und weitere ca. 5 Minuten anbraten. Mit Tomatenmark, Rinderfond und Barolo ablöschen. Rosmarin und Thymian waschen, trocken schütteln und mit Lorbeerblatt in den Bräter geben. Mit Deckel im Backofen auf mittlerer Schiene ca. 45 Minuten garen. Nach ca. 30 Minuten Garzeit Tomatenwürfel zufügen.

Bohnen waschen, ca. 8 Minuten in kochendem Salzwasser garen und abgießen. Pfifferlinge trocken abreiben und gegebenenfalls waschen. Restliches Öl in einer Pfanne auf mittlerer Stufe erhitzen und Bohnen darin ca. 5 Minuten braten. Pfifferlinge zufügen und weitere ca. 5 Minuten braten. Mit Salz und Pfeffer würzen.

Gnocchi nach Packungsanweisung in Salzwasser garen. Rinderbraten aus dem Bräter nehmen und in Alufolie wickeln. Sauce durch ein Sieb streichen und mit Schmand verfeinern. Mit Salz, Pfeffer und Senf abschmecken. Gnocchi abgießen. Rinderbraten mit Barolosauce, Bohnen-Pfifferling-Gemüse und Gnocchi servieren.

Für 2 Personen:

- **1 Stange Staudensellerie**
- **1 große Karotte**
- **1 Zwiebel**
- **2 Tomaten**
- **1 Knoblauchzehe**
- **360 g magerer Rinderbraten (z. B. Roastbeef)**
- **Salz, Pfeffer**
- **2 TL Olivenöl**
- **2 TL Tomatenmark**
- **150 ml Rinderfond (Glas)**
- **125 ml Barolo (ersatzweise roter Traubensaft)**
- **je 1 Zweig Rosmarin und Thymian**
- **1 Lorbeerblatt**
- **500 g grüne Bohnen**
- **250 g Pfifferlinge**
- **200 g Gnocchi (Kühltheke)**
- **1 EL Schmand**
- **1 TL Feigensenf**

Eichblattsalat mit Polentaecken

12 SmartPoints Wert™

fertig in: 40 Minuten | davon aktiv: 20 Minuten
vegan
341 kcal | 1423 kJ

Brühe aufkochen, Polenta einrieseln und unter Rühren auf niedriger Stufe ca. 1 Minute köcheln lassen. Vom Herd nehmen und zugedeckt ca. 10 Minuten nachquellen lassen.

Maronen fein hacken und mit Petersilie unter die Polenta rühren. Masse mit Salz und Pfeffer würzen, in einer mit Backpapier ausgelegten Auflaufform (ca. 15 x 15 cm) ca. 1,5 cm dick verstreichen und abkühlen lassen.

Kirschen hacken. Salat waschen, trocken schleudern, in mundgerechte Stücke zerteilen und mit Walnüssen, Kirschstücken und rosa Pfefferbeeren bestreuen. Für das Dressing Senf, Essig, Wasser und Kirschsaft verrühren und mit Salz und Pfeffer abschmecken.

Polenta in 3 Rechtecke schneiden und zu Dreiecken halbieren. Öl in einer Pfanne auf mittlerer bis hoher Stufe erhitzen und Polentaecken darin ca. 5 Minuten von jeder Seite braten. Salat mit Dressing beträufeln und mit Polentaecken servieren.

Für 2 Personen:

200 ml Gemüsebrühe (1 TL Instantpulver)
70 g trockene Polenta (Maisgrieß)
6 vorgegarte Maronen
1 TL gehackte Petersilie
Salz, Pfeffer
25 g getrocknete Kirschen
1 Eichblattsalat
2 EL gehackte Walnüsse
1/2 TL rosa Pfefferbeeren
1 TL körniger Senf
2 EL Weißweinessig
3 EL Wasser
120 ml Kirschsaft
2 TL Rapsöl

Röstpaprikapüree mit Putenschnitzeln

10 SmartPoints Wert

fertig in: 65 Minuten | davon aktiv: 50 Minuten
435 kcal | 1823 kJ

Für 2 Personen:

- 4 rote Paprika
- 1 EL Frischkäse, bis 1 % Fett absolut
- 75 ml Gemüsebrühe (1/4 TL Instantpulver)
- 1 EL gehackte Petersilie
- 1 TL Honig
- 1 TL Zitronensaft
- Salz, Pfeffer
- 2 Chicorée
- 650 g mehligkochende Kartoffeln
- 100 ml entrahmte Milch
- 2 Putenschnitzel (à 120 g)
- 2 TL Rapsöl
- 1 EL gehackter Majoran

Backofen auf 220° C (Gas: Stufe 4, Umluft: 200° C) vorheizen. Paprika waschen, vierteln und entkernen. Paprikaviertel mit der Hautseite nach oben auf einem Backblech verteilen und im Backofen auf oberster Schiene 25–30 Minuten garen, bis die Haut schwarz wird. Paprikaviertel in einen Gefrierbeutel geben, Beutel verschließen und Paprika leicht abkühlen lassen.

Für das Dressing Frischkäse mit Brühe, Petersilie, Honig und Zitronensaft pürieren und mit Salz und Pfeffer abschmecken. Chicorée waschen, halbieren, den Strunk entfernen und Chicorée in Streifen schneiden. Chicoréestreifen mit Dressing vermischen. Kartoffeln schälen, in Salzwasser ca. 20 Minuten garen und abgießen.

Paprikaviertel häuten, die Hälfte würfeln und restliche Paprika mit Milch pürieren. Paprikamilch erhitzen, Kartoffeln dazugeben und zerstampfen. Schnitzel abspülen und trocken tupfen. Öl in einer Pfanne auf hoher Stufe erhitzen, Schnitzel darin 3–4 Minuten von jeder Seite braten und mit Salz und Pfeffer würzen. Paprikawürfel unter das Püree rühren, mit Majoran verfeinern und mit Salz und Pfeffer abschmecken. Röstpaprikapüree mit Putenschnitzeln und Chicoréesalat servieren.

Herbstlicher Rosenkohlauflauf

7 SmartPoints Wert

fertig in: 65 Minuten | davon aktiv: 15 Minuten
vegetarisch | einfrieren
203 kcal | 851 kJ

Rosenkohl putzen, Stielansatz kreuzweise einschneiden, in Salzwasser ca. 10 Minuten garen, abgießen und halbieren. Zwiebel schälen und in Würfel schneiden. Knoblauch pressen. Aprikosen und Pflaumen würfeln und Backofen auf 200° C (Gas: Stufe 3, Umluft: 180° C) vorheizen.

Öl in einer Pfanne auf mittlerer bis hoher Stufe erhitzen, Zwiebelwürfel und Knoblauch darin 2–3 Minuten andünsten. Rosenkohlhälften, Aprikosen- und Pflaumenwürfel zugeben, 5–8 Minuten mitdünsten und mit Salz, Pfeffer, Kreuzkümmel und Kurkuma würzen.

Rosenkohlgemüse in eine Auflaufform (ca. 15 x 25 cm) geben. Eier, Frischkäse und Milch verquirlen, mit Salz und Pfeffer abschmecken und über dem Gemüse verteilen. Rosenkohlauflauf mit Käse bestreuen, im Backofen auf mittlerer Schiene 25–30 Minuten backen und servieren.

Für 6 Stücke:

500 g Rosenkohl
Salz, Pfeffer
1 Zwiebel
1 Knoblauchzehe
50 g getrocknete Aprikosen
50 g getrocknete Pflaumen
2 TL Rapsöl
1 TL Kreuzkümmel
1/2 TL Kurkuma
4 Eier (Größe M)
150 g Frischkäse, bis 1 % Fett absolut
50 ml fettarme Milch
100 g geriebener Appenzeller, 50 % Fett i. Tr.

Du kannst den Auflauf auch gut mit Putenbruststreifen servieren. Brate 540 g mit dem Gemüse an und gib es in eine Auflaufform. Der SmartPoints Wert pro Stück erhöht sich auf 9.

Zwetschgenkompott mit Zimtmilchreis

4 SmartPoints Wert

fertig in: 50 Minuten | davon aktiv: 10 Minuten
vegetarisch
120 kcal | 503 kJ

Milch aufkochen, Milchreis einrühren und auf niedriger Stufe unter gelegentlichem Rühren 25–30 Minuten quellen lassen. Zwetschgen waschen, halbieren und die Steine entfernen. 1 Msp. Zitronenschale abreiben.

Zwetschgenhälften in einem Topf mit 1 TL Zucker, Zitronenschale, Nelken und Ingwer mit Deckel ca. 10 Minuten dünsten. Milchreis mit restlichem Zucker und Zimt verfeinern, auf Zwetschgenkompott anrichten und servieren. Nach Wunsch mit Zimt garnieren.

Für 2 Personen:

- **170 ml entrahmte Milch**
- **40 g trockener Milchreis**
- **400 g Zwetschgen**
- **1/2 unbehandelte Zitrone**
- **2 TL Zucker**
- **1 Prise gemahlene Nelken**
- **1/4 TL geriebener Ingwer**
- **1/2 TL Zimt**

Zwetschgenknödel

12 SmartPoints Wert

fertig in: 55 Minuten | davon aktiv: 45 Minuten
vegetarisch
174 kcal | 730 kJ

Für 8 Stück:

- **250 g Magerquark**
- **1 Ei (Größe M)**
- **40 g Halbfettmargarine**
- **1 Prise Salz**
- **2 EL Zucker**
- **130 g Paniermehl**
- **1 TL Backpulver**
- **8 Zwetschgen**
- **40 g Marzipan in Würfeln**
- **2 EL brauner Zucker**

Magerquark mit Ei, Margarine, Salz und Zucker verrühren. Paniermehl mit Backpulver mischen, zufügen und alles zu einem glatten Teig verarbeiten. Teig ca. 15 Minuten kalt stellen.

Zwetschgen waschen, halbieren, entkernen und mit Marzipan füllen. Teig in 8 Portionen teilen, mit feuchten Händen zu Kugeln formen und platt drücken. Zwetschgen damit umschließen. Knödel in kochendem Wasser 5–10 Minuten gar ziehen lassen. Mit braunem Zucker bestreuen und nach Wunsch mit Zwetschgensauce garniert servieren.

Stachelbeer-Streuselkuchen

6 SmartPoints Wert

fertig in: 1 Stunde 50 Minuten | davon aktiv: 20 Minuten
vegetarisch
173 kcal | 726 kJ

Für den Hefeteig Hefe zerbröseln und mit 60 g Margarine in Milch auflösen. 500 g Mehl mit 80 g Zucker und Salz in einer Schüssel mischen, Hefemilch zugeben und zu einem glatten Teig verkneten. Hefeteig an einem warmen Ort zugedeckt ca. 45 Minuten gehen lassen.

Hefeteig erneut gut durchkneten und auf Backpapier zu einem Rechteck (ca. 30 x 40 cm) ausrollen. Auf ein Backblech legen und weitere ca. 15 Minuten gehen lassen. Backofen auf 200° C (Gas: Stufe 3, Umluft: 180° C) vorheizen.

Für die Streusel restliches Mehl mit restlicher Margarine, restlichem Zucker, Vanillezucker und Zimt zu Streuseln verkneten. Stachelbeeren waschen und putzen. Hefeteig mit Stachelbeeren belegen, Streusel darauf verteilen und im Backofen auf mittlerer Schiene 25–30 Minuten backen. Stachelbeer-Streuselkuchen auskühlen lassen und servieren.

Für 20 Stücke:

- **1 Würfel Hefe**
- **130 g Halbfettmargarine**
- **250 ml lauwarme fettarme Milch**
- **650 g Mehl**
- **150 g Zucker**
- **1 Prise Salz**
- **1 Päckchen Vanillezucker**
- **1/2 TL Zimt**
- **1 kg Stachelbeeren (frisch oder TK)**

Winter

Semmelknödel mit Lauchsauce

10 SmartPoints Wert

fertig in: 55 Minuten | davon aktiv: 15 Minuten
320 kcal | 1338 kJ

Brötchen fein würfeln. Milch auf mittlerer Stufe erwärmen und Brötchenwürfel darin ca. 10 Minuten einweichen. Lauch waschen und in Ringe schneiden. Zwiebel schälen und würfeln. 1 TL Öl in einer Pfanne auf hoher Stufe erhitzen, Schinken- und Zwiebelwürfel darin 3–4 Minuten anbraten.

Ei verquirlen und mit Petersilie, Schinken- und Zwiebelwürfeln zur Brötchenmasse geben. Mit Salz und Pfeffer würzen und verkneten. Brötchenmasse zu Knödeln formen und in siedendem Salzwasser ca. 20 Minuten gar ziehen lassen.

Restliches Öl in einer Pfanne auf mittlerer Stufe erhitzen und Lauchringe darin ca. 5 Minuten anbraten. Mit Brühe ablöschen, aufkochen, mit saurer Sahne verfeinern und mit Salz, Pfeffer und Muskatnuss würzen. Semmelknödel mit Lauchsauce servieren.

Für 2 Personen:

2 altbackene Brötchen
120 ml entrahmte Milch
600 g Lauch
1 Zwiebel
2 TL Rapsöl
75 g magere Schinkenwürfel
1 Ei (Größe M)
2 EL gehackte Petersilie
Salz, Pfeffer
200 ml Gemüsebrühe (1 TL Instantpulver)
2 EL saure Sahne
1 Msp. geriebene Muskatnuss

← Wirsingsuppe mit Krabben

5 SmartPoints Wert

fertig in: 45 Minuten | davon aktiv: 15 Minuten
193 kcal | 806 kJ

Zwiebel schälen und in Würfel schneiden. Wirsing putzen, vierteln, den Strunk entfernen und Wirsing in feine Streifen schneiden. Öl in einem Topf auf mittlerer bis hoher Stufe erhitzen und Zwiebelwürfel mit Wirsingstreifen darin ca. 5 Minuten andünsten. Mit Brühe ablöschen und ca. 20 Minuten köcheln lassen.

Suppe pürieren und mit Frischkäse verfeinern. Krabben abspülen, trocken tupfen und zur Suppe geben. Kurz erwärmen und mit Salz und Pfeffer abschmecken. Wirsingsuppe auf Tellern anrichten, mit Petersilie bestreuen und mit Schwarzbrot servieren.

Für 4 Personen:

- **1 Zwiebel**
- **1 kleiner Wirsing (ca. 800 g)**
- **2 TL Rapsöl**
- **1,2 Liter Gemüsebrühe (1 EL Instantpulver)**
- **100 g Frischkäse, bis 1 % Fett absolut**
- **200 g küchenfertige Nordseekrabben**
- **Salz, Pfeffer**
- **1 EL gehackte Petersilie**
- **4 Scheiben Roggenvollkornbrot (Schwarzbrot)**

Feldsalat mit Birnen

5 SmartPoints Wert

fertig in: 20 Minuten | davon aktiv: 15 Minuten
vegetarisch
159 kcal | 664 kJ

Pumpernickel in Würfel schneiden, fettfrei in einer Pfanne auf mittlerer Stufe 2–3 Minuten rösten und herausnehmen. Zitronenhälfte auspressen. Für das Dressing Brühe, 1 EL Zitronensaft, Senf, Meerrettich und Honig verrühren und mit Salz und Pfeffer abschmecken.

Feldsalat waschen und trocken schleudern. Birne waschen, vierteln, entkernen und in Spalten schneiden. Birnenspalten mit 1 TL Zitronensaft und Wasser in einer Pfanne mit Deckel 2–4 Minuten dünsten. Feldsalat mit Birnenspalten auf Tellern anrichten und mit Dressing beträufeln. Mit Walnüssen und Pumpernickelwürfeln bestreuen und servieren.

Für 2 Personen:

- **2 Scheiben Pumpernickel**
- **1/2 Zitrone**
- **75 ml Gemüsebrühe (1/4 TL Instantpulver)**
- **1 EL Senf**
- **1 TL Tafelmeerrettich (Glas)**
- **1 TL Honig**
- **Salz, Pfeffer**
- **150 g Feldsalat**
- **1 große Birne**
- **1 EL Wasser**
- **1 EL gehackte Walnüsse**

Thunfischsteak auf würzigem Chinakohl

9 SmartPoints Wert

fertig in: 45 Minuten | davon aktiv: 20 Minuten
516 kcal | 2162 kJ

Kartoffeln schälen, halbieren und in Salzwasser ca. 20 Minuten garen. Chinakohl putzen, vierteln, den Strunk entfernen und Chinakohl in Streifen schneiden. Chinakohlstreifen in Brühe 15–20 Minuten dünsten. Kartoffeln abgießen, mit Milch zerstampfen, mit Salz und Pfeffer abschmecken und Koriander unterheben. Sesam fettfrei in einer Pfanne auf mittlerer Stufe 2–3 Minuten rösten. Püree mit Sesam bestreuen. Chinakohlstreifen abgießen, mit Sojasauce, 1/2 TL Wasabipaste und Pfeffer würzen.

Thunfischsteaks abspülen und trocken tupfen. Öl in einer Pfanne auf hoher Stufe erhitzen und Thunfischsteaks darin 3–4 Minuten von jeder Seite braten. Mit Salz und rotem Pfeffer würzen. Saure Sahne mit restlicher Wasabipaste verrühren und mit Salz abschmecken. Thunfisch mit Wasabicreme bestreichen und mit Korianderpüree und Chinakohl servieren.

Für 4 Personen:

- **700 g mehligkochende Kartoffeln**
- **Salz, Pfeffer**
- **1 Chinakohl (ca. 1,2 kg)**
- **300 ml Gemüsebrühe (1 1/2 TL Instantpulver)**
- **150 ml warme fettarme Milch**
- **2 EL gehackter Koriander**
- **1 TL Sesam**
- **2 EL Sojasauce**
- **1 TL Wasabipaste**
- **4 Thunfischsteaks (à 125 g)**
- **2 TL Rapsöl**
- **roter Pfeffer**
- **2 EL saure Sahne**

Wärmender Eintopf mit Steckrübe

9 SmartPoints Wert

fertig in: 65 Minuten | davon aktiv: 30 Minuten
einfrieren
372 kcal | 1559 kJ

Zwiebeln schälen und in Streifen schneiden. Steckrübe und Kartoffeln schälen und würfeln.

Öl in einem Topf auf hoher Stufe erhitzen und Zwiebelstreifen mit Tatar darin ca. 2 Minuten anbraten. Steckrüben- und Kartoffelwürfel dazugeben und kurz mitbraten. Mit Brühe ablöschen und 25–30 Minuten garen. Mit Salz, Pfeffer und Kümmel würzen. Eintopf mit Petersilie bestreut servieren.

Für 2 Personen:

- **2 Zwiebeln**
- **1 kleine Steckrübe (ca. 800 g)**
- **500 g festkochende Kartoffeln**
- **2 TL Rapsöl**
- **250 g Tatar**
- **650 ml Gemüsebrühe (3 TL Instantpulver)**
- **Salz, Pfeffer**
- **2 Prisen gemahlener Kümmel**
- **1 EL gehackte Petersilie**

Rheinische Rinderroulade mit Rosenkohl

10 SmartPoints Wert

fertig in: 2 Stunden 55 Minuten | davon aktiv: 30 Minuten
302 kcal | 1265 kJ

Für 2 Personen:

- 1 Zwiebel
- 2 Karotten
- 100 g Knollensellerie
- 1 Gewürzgurke
- 2 Rinderrouladen (à 150 g)
- Salz, Pfeffer
- 2 TL Senf
- 2 Scheiben roher Schinken
- 2 TL Rapsöl
- 300 ml Gemüsebrühe (1 1/2 TL Instantpulver)
- 500 g Rosenkohl
- 400 g festkochende Kartoffeln
- 2 EL Frischkäse, bis 1 % Fett absolut
- 1 Prise geriebene Muskatnuss

Zwiebel, Karotten und Sellerie schälen. Zwiebel mit Gewürzgurke in Streifen, Karotten und Sellerie in Stücke schneiden. Rouladen trocken tupfen, mit Salz und Pfeffer würzen. Mit Senf bestreichen und mit Schinken, Gurkenstreifen und der Hälfte der Zwiebelstreifen belegen. Zu Rouladen aufrollen und mit Spießen fixieren.

Öl in einem Schmortopf auf mittlerer bis hoher Stufe erhitzen, Rouladen darin ca. 3 Minuten rundherum anbraten und herausnehmen. Karotten- und Selleriestücke mit restlichen Zwiebelstreifen im Bratensatz kurz anbraten, mit 50 ml Brühe ablöschen und 3–5 Minuten dünsten. Rouladen mit restlicher Brühe zum Gemüse geben und mit Deckel ca. 90 Minuten schmoren lassen. Nach der Hälfte der Garzeit die Rouladen wenden.

Rosenkohl putzen, Stielansatz kreuzweise einschneiden und in Salzwasser 20–25 Minuten garen. Kartoffeln schälen und in Salzwasser ca. 20 Minuten garen. Rouladen herausnehmen, Fond mit Gemüse zu einer Sauce pürieren. Mit Frischkäse und Muskatnuss verfeinern, mit Salz und Pfeffer abschmecken. Kartoffeln und Rosenkohl abgießen, mit Rouladen und Sauce servieren.

Waldorfsalat

4 SmartPoints Wert

fertig in: 15 Minuten | davon aktiv: 15 Minuten
vegetarisch
109 kcal | 458 kJ

Für 4 Personen:

2 kleine Chicorée-Herzen
1 Handvoll Brunnenkresse
25 g Salatcreme, bis 20 % Fett
25 g fettarmer Joghurt
1 EL Zitronensaft
1/4 Bund frischer Schnittlauch
Salz, Pfeffer
2 Stangen Staudensellerie
1 roter Apfel (z.B. Gala)
50 g Walnüsse

Chicorée putzen, Blätter abtrennen, mit der Brunnenkresse waschen, trocken schleudern und in eine Salatschüssel geben. Für das Dressing Salatcreme, Joghurt und Zitronensaft verrühren. Schnittlauch waschen, trocken schütteln, klein schneiden und unterrühren. Mit Salz und Pfeffer würzen.

Sellerie und Apfel waschen, Apfel halbieren, entkernen und beides in kleine Stücke schneiden. Sellerie- und Apfelstücke unter das Dressing heben und auf die Salatblätter verteilen. Walnüsse grob hacken, über den Salat streuen, leicht mischen und Waldorfsalat servieren.

Brunnenkresse erinnert geschmacklich an Rettich, scharf-würzig und manchmal etwas bitter. Frische Salate bekommen so eine angenehm pikante Note. Wenn du keine Brunnenkresse verwenden möchtest, passt stattdessen auch Rucola.

Holunderbeerpunsch

10 SmartPoints Wert

fertig in: 10 Minuten | davon aktiv: 5 Minuten
vegetarisch | glutenfrei | laktosefrei
148 kcal | 621 kJ

Wasser mit Holunderbeersirup und Apfelsaft heiß werden lassen, Honig einrühren. Limette in Scheiben schneiden. In jedes Glas 1–2 Limettenscheiben und 1 Sternanis geben, mit Punsch auffüllen und sofort servieren.

Für 4 Gläser à 250 ml:

- **470 ml Wasser**
- **8 EL Holunderbeersirup**
- **530 ml Apfelsaft**
- **1 TL Honig**
- **1 unbehandelte Limette**
- **4 Sternanis**

Lachs mit Lauchnudeln

13 SmartPoints Wert

fertig in: 40 Minuten | davon aktiv: 20 Minuten
laktosefrei
456 kcal | 1907 kJ

Nudeln nach Packungsanweisung in Salzwasser garen. Lauch in Ringe schneiden und ca. 4 Minuten vor Garende zufügen und mitgaren.

Lachsfilets mit Zitronensaft beträufeln und mit Salz und Pfeffer würzen. Öl in einer Pfanne auf mittlerer bis hoher Stufe erhitzen und Lachsfilets 5–10 Minuten darin anbraten.

Nudel-Lauch-Mischung mit Kurkuma verfeinern, mit Salz und Pfeffer abschmecken und mit Lachsfilets servieren.

Für 2 Personen:

- **120 g trockene Bandnudeln**
- **Salz, grober Pfeffer**
- **500 g Lauch**
- **2 Lachsfilets (à 125 g)**
- **1 TL Zitronensaft**
- **1 TL Rapsöl**
- **1/2 TL Kurkuma**

Wirsingrouladen mit Tomatenreis

6 SmartPoints Wert

fertig in: 40 Minuten | davon aktiv: 20 Minuten
263 kcal | 1100 kJ

Für 4 Personen:

- **160 g trockene Wildreismischung**
- **Salz, Pfeffer**
- **1 kleiner Wirsing**
- **1 Zwiebel**
- **2 Tomaten**
- **300 g Tatar**
- **1 TL Kümmel**
- **2 TL Rapsöl**
- **300 ml Gemüsebrühe (1 1/2 TL Instantpulver)**
- **1 TL Speisestärke**
- **1 EL Wasser**
- **2 TL Senf**

Reis nach Packungsanweisung in Salzwasser garen. Kohl putzen, Blätter vom Strunk lösen, in kochendem Salzwasser blanchieren und 8 große Blätter beiseitelegen. Restlichen Wirsing fein hacken. Zwiebel schälen und würfeln. Tomaten waschen und würfeln.

Tatar mit 4 EL gegartem Reis, Zwiebelwürfeln und gehacktem Wirsing vermischen und mit Salz, Pfeffer und Kümmel würzen. Je 2 Kohlblätter überlappend nebeneinander legen, Füllung darauf verteilen, aufrollen und mit Küchengarn fixieren.

Öl in einer Pfanne auf mittlerer Stufe erhitzen und Rouladen darin ca. 5 Minuten rundherum anbraten. Mit Brühe ablöschen und mit Deckel ca. 30 Minuten schmoren. Rouladen herausnehmen, Stärke mit Wasser verrühren, zur Sauce geben und unter Rühren aufkochen. Sauce mit Salz, Pfeffer und Senf würzen.

Reismischung mit Tomatenwürfeln erhitzen und mit Salz und Pfeffer würzen. Wirsingrouladen mit Tomatenreis servieren.

Statt Tomatenreis kannst du auch 800 g Kartoffeln zu den Wirsingrouladen servieren. Der SmartPoints Wert ändert sich nicht.

Käsesteaks mit Rosenkohlpfanne

10 SmartPoints Wert

fertig in: 40 Minuten | davon aktiv: 40 Minuten
446 kcal | 1872 kJ

Kartoffeln schälen und würfeln. Rosenkohl putzen, die Stielansätze kreuzweise einschneiden. Kartoffelwürfel und Rosenkohl ca. 5 Minuten in Salzwasser garen.

Backofen auf 220° C (Gas: Stufe 4, Umluft: 200° C) vorheizen. Schweine-Minutensteaks trocken tupfen. Öl in einer Pfanne auf hoher Stufe erhitzen und Steaks darin ca. 1 Minute von jeder Seite scharf anbraten. Herausnehmen, salzen, pfeffern und in eine flache Auflaufform legen. Steaks dünn mit Senf bestreichen und mit Käse bestreuen. Im Backofen auf oberster Schiene 5–10 Minuten gratinieren.

Kartoffelwürfel und Rosenkohl abgießen und im Bratensatz ca. 2 Minuten anbraten. Mit Wasser ablöschen und Frischkäse unterrühren. Mit Muskatnuss, Salz und Pfeffer abschmecken. Rosenkohlpfanne mit Röstzwiebeln bestreuen und mit Käsesteaks servieren.

Für 4 Personen:

800 g festkochende Kartoffeln
800 g Rosenkohl
Salz, Pfeffer
4 Schweine-Minutensteaks (à 120 g)
2 TL Rapsöl
1 EL mittelscharfer Senf
80 g geriebener Appenzeller, 25 % Fett i. Tr.
150 ml Wasser
150 g Frischkäse, bis 1 % Fett absolut
1 Prise geriebene Muskatnuss
2 EL Röstzwiebeln

Kalbssteaks mit Schwarzwurzelgratin

10 SmartPoints Wert

fertig in: 60 Minuten | davon aktiv: 20 Minuten
410 kcal | 1718 kJ

Für 4 Personen:

- **800 g festkochende Kartoffeln**
- **Salz, Pfeffer**
- **2 Gläser Schwarzwurzeln (à 320 g Abtropfgewicht)**
- **150 ml Cremefine zum Kochen, 7 % Fett**
- **1 EL Speisestärke**
- **1/2 unbehandelte Zitrone**
- **1 Prise geriebene Muskatnuss**
- **2 EL gehackte Petersilie**
- **70 g geriebener Käse, 30 % Fett i. Tr.**
- **4 Kalbssteaks (à 120 g)**
- **2 TL Rapsöl**
- **roter Pfeffer**

Backofen auf 200° C (Gas: Stufe 3, Umluft: 180° C) vorheizen. Kartoffeln schälen, in Scheiben schneiden und in Salzwasser ca. 10 Minuten vorgaren. Kartoffelscheiben abgießen. Schwarzwurzeln abtropfen lassen, dabei ca. 200 ml Sud auffangen. Schwarzwurzeln mit Kartoffelscheiben in einer Auflaufform (ca. 20 x 30 cm) mischen.

150 ml Schwarzwurzelsud mit Cremefine in einem Topf aufkochen. Stärke mit restlichem Sud anrühren, untermischen und weitere ca. 2 Minuten köcheln lassen. Zitronenschale abreiben und Zitronenhälfte auspressen. Sauce mit Zitronensaft, Zitronenschale, Muskatnuss, Petersilie, Salz und Pfeffer würzen, über das Gratin geben. Mit Käse bestreuen und im Backofen auf mittlerer Schiene ca. 25 Minuten backen.

Kalbssteaks trocken tupfen. Öl in einer Pfanne auf hoher Stufe erhitzen und Kalbssteaks darin ca. 3 Minuten von jeder Seite braten. Mit Salz und rotem Pfeffer würzen und mit Schwarzwurzelgratin servieren.

Entenbrust mit Klößen und Rotkohl

8 SmartPoints Wert

fertig in: 2 Stunden 15 Minuten | davon aktiv: 25 Minuten
336 kcal | 1406 kJ

Für 2 Personen:

- **1 Zwiebel**
- **1 süßlicher Apfel (z. B. Braeburn)**
- **1/2 Rotkohl (ca. 600 g)**
- **1 Lorbeerblatt**
- **250 ml Wasser**
- **2 EL Rotweinessig**
- **300 g mehligkochende Kartoffeln**
- **Salz, Pfeffer**
- **1 EL Speisestärke**
- **1 Eigelb (Größe M)**
- **1 Prise geriebene Muskatnuss**
- **200 g Entenbrust, ohne Haut**
- **1 Zweig Rosmarin**
- **1 TL Rapsöl**
- **3 EL Kräuterfrischkäse, bis 1 % Fett absolut**

Zwiebel schälen, Apfel waschen, vierteln und entkernen, beides würfeln. Kohl putzen, halbieren, den Strunk entfernen und Kohl in Streifen schneiden. Kohlstreifen mit Zwiebel-, Apfelwürfeln und Lorbeerblatt mit 125 ml Wasser und Essig mit Deckel ca. 60 Minuten schmoren.

Kartoffeln schälen. 150 g Kartoffeln in Salzwasser ca. 25 Minuten garen. Restliche Kartoffeln reiben und ausdrücken. Kartoffeln abgießen, ausdampfen lassen und durch eine Kartoffelpresse drücken. Mit geriebenen Kartoffeln, Stärke, Eigelb, Muskatnuss, Salz und Pfeffer verkneten. Mit feuchten Händen zu 6 kleinen Klößen formen und in siedendem Salzwasser ca. 15 Minuten gar ziehen lassen.

Entenbrust abspülen und trocken tupfen. Rosmarin waschen und trocken schütteln. Öl in einer Pfanne auf hoher Stufe erhitzen, Entenbrust mit Rosmarin darin 4–5 Minuten von jeder Seite braten, salzen, pfeffern.

Entenbrust in Alufolie gewickelt ca. 5 Minuten ruhen lassen. Bratensatz mit restlichem Wasser ablöschen, Frischkäse einrühren, salzen, pfeffern. Lorbeerblatt entfernen, Rotkohl mit Salz und Pfeffer abschmecken und mit Entenbrust, Sauce und Klößen servieren. Nach Wunsch mit rosa Pfefferbeeren garnieren.

Video

Kohlrouladen mit Pilz-Tatar-Füllung

8 SmartPoints Wert™

fertig in: 1 Stunde 50 Minuten | davon aktiv: 25 Minuten
307 kcal | 1284 kJ

Kohl putzen, 8 große Blätter abtrennen und die Blattstiele flacher schneiden. Restlichen Kohl vierteln, Strunk entfernen und Kohl in Streifen schneiden. Blätter in kochendem Salzwasser blanchieren. Pfifferlinge trocken abreiben, gegebenenfalls waschen. Zwiebeln schälen und würfeln. Thymian waschen, trocken schütteln und hacken. Knoblauch pressen. 1 TL Öl in einer großen Pfanne auf mittlerer bis hoher Stufe erhitzen und Pfifferlinge mit Zwiebeln und Knoblauch darin ca. 5 Minuten braten. Mit Tatar und Thymian verkneten, salzen, pfeffern. Je 2 Kohlblätter überlappend nebeneinanderlegen, Füllung darauf verteilen, aufrollen und mit Küchengarn verschließen.

Rouladen im Bratensatz ca. 5 Minuten rundherum anbraten. Mit 150 ml Brühe und Tomaten ablöschen, mit Deckel ca. 30 Minuten schmoren. Reis nach Packungsanweisung garen. Restliches Öl auf mittlerer Stufe erhitzen und Kohlstreifen darin anbraten. Mit restlicher Brühe ablöschen und mit Deckel ca. 20 Minuten köcheln. Mit Schmand und Kümmel verfeinern, salzen, pfeffern. Rouladen herausnehmen, Sauce salzen und pfeffern. Rouladen nach Wunsch mit Petersilie bestreuen und mit Tomatensauce, Reis und Gemüse servieren.

Für 4 Personen:

1 Weißkohl (ca. 1 kg)
Salz, Pfeffer
400 g Pfifferlinge (ersatzweise Champignons)
2 Zwiebeln
4 Zweige Thymian
1 Knoblauchzehe
2 TL Rapsöl
400 g Tatar
350 ml Gemüsebrühe (1 1/2 TL Instantpulver)
400 g passierte Tomaten (Konserve)
160 g trockener Naturreis
2 EL Schmand
1 Prise Kümmel

Du hast heute keine Zeit zum Kochen? Dann probiere die Kohlroulade mit Kartoffel-Möhren-Gemüse.

Schweinesteaks in Pilzsauce mit Grünkohl

5 SmartPoints Wert™

fertig in: 45 Minuten | davon aktiv: 25 Minuten
287 kcal | 1202 kJ

Für 2 Personen:

- **25 g getrocknete Steinpilze**
- **100 ml heißes Wasser**
- **2 Schweine-Minutensteaks (à 150 g)**
- **50 g Grünkohl**
- **75 g weiße Champignons**
- **2 TL Rapsöl**
- **1/2 Zwiebel**
- **1 Knoblauchzehe**
- **50 ml trockener Weißwein (ersatzweise Brühe)**
- **75 g grüne Erbsen (TK)**
- **75 ml Cremefine zum Kochen, 7 % Fett**
- **Salz, Pfeffer**

Steinpilze ca. 10 Minuten in Wasser einweichen, abgießen, Wasser auffangen und Pilze klein schneiden. Schweine-Minutensteaks trocken tupfen. Grünkohl waschen, trocken schleudern und klein hacken. Champignons trocken abreiben und halbieren.

1 TL Öl in einer Pfanne auf hoher Stufe erhitzen und Steaks darin ca. 5 Minuten von jeder Seite braten. In Alufolie wickeln und ca. 10 Minuten ruhen lassen.

Zwiebel schälen, würfeln und Knoblauch pressen. Restliches Öl in einem Topf auf mittlerer Stufe erhitzen und Zwiebelwürfel und Knoblauch darin 3–4 Minuten dünsten. Champignonhälften mit den Steinpilzstücken dazugeben und weitere ca. 5 Minuten garen.

Mit Wein und Pilzwasser ablöschen und kurz aufkochen. Grünkohl mit den Erbsen zu den Pilzen geben. Mit Deckel ca. 3 Minuten garen, Cremefine dazugeben, mit Salz und Pfeffer abschmecken und Sauce 3–4 Minuten köcheln lassen. Schweinesteaks mit der Sauce servieren.

Kartoffelsuppe mit Wurstspießen

9 SmartPoints Wert™

fertig in: 40 Minuten | davon aktiv: 15 Minuten
313 kcal | 1315 kJ

Kartoffeln, Karotte und Zwiebel schälen und würfeln. Gemüsewürfel in einem Topf ca. 3 Minuten in Wasser dünsten. Mit Brühe ablöschen und ca. 15 Minuten garen. Frühlingszwiebeln waschen, mit Würstchen in Stücke schneiden und auf 4 Spieße stecken.

Öl in einer Pfanne auf mittlerer bis hoher Stufe erhitzen und Wurstspieße darin ca. 5 Minuten rundherum braten. Kartoffelsuppe pürieren, mit Buttermilch verfeinern und mit Salz, Pfeffer, Paprikapulver und Muskatnuss würzen. Kartoffelsuppe mit Wurstspießen und nach Wunsch mit Frühlingszwiebelgrün und Petersilie garniert servieren.

Für 2 Personen:

- **400 g mehligkochende Kartoffeln**
- **1 Karotte**
- **1 Zwiebel**
- **2 EL Wasser**
- **650 ml Gemüsebrühe (3 TL Instantpulver)**
- **2 Frühlingszwiebeln**
- **2 Wiener Würstchen (à 45 g)**
- **1 TL Rapsöl**
- **150 ml Buttermilch**
- **Salz, Pfeffer**
- **1/2 TL Paprikapulver**
- **1 Prise geriebene Muskatnuss**

Wirsingpfanne mit Hack

8 SmartPoints Wert™

fertig in: 55 Minuten | davon aktiv: 15 Minuten
352 kcal | 1458 kJ

Kartoffeln waschen und mit Schale in Salzwasser ca. 20 Minuten garen. Zwiebel schälen und würfeln. Wirsing putzen, halbieren, den Strunk entfernen und Wirsing in Streifen schneiden.

Öl in einer Pfanne auf hoher Stufe erhitzen und Tatar darin krümelig anbraten. Zwiebelwürfel und Wirsingstreifen dazugeben und ca. 5 Minuten mitbraten. Tatar-Wirsing-Mischung mit Brühe ablöschen und mit Deckel 10–15 Minuten köcheln lassen.

Thymian waschen, trocken schütteln, Blätter abzupfen und hacken. Wirsingpfanne mit Thymian, Frischkäse und Senf verfeinern und mit Salz, Pfeffer und Muskatnuss abschmecken. Pellkartoffeln abgießen, pellen und mit Wirsingpfanne servieren.

Für 2 Personen:

- **500 g festkochende Kartoffeln**
- **Salz, Pfeffer**
- **1 Zwiebel**
- **1/2 Wirsing (ca. 700 g)**
- **1 TL Rapsöl**
- **160 g Tatar**
- **175 ml Gemüsebrühe (1 TL Instantpulver)**
- **2 Zweige Thymian**
- **100 g Frischkäse, bis 1 % Fett absolut**
- **1 EL Senf**
- **1 Prise geriebene Muskatnuss**

Medaillons vom Ibéricoschwein

12 SmartPoints Wert

fertig in: 55 Minuten | davon aktiv: 20 Minuten
laktosefrei
348 kcal | 1456 kJ

Schalotten schälen und vierteln. Zucker in einem Topf hellbraun karamellisieren. Traubensaft mit Essig zufügen und ca. 5 Minuten einkochen lassen. Schalottenviertel zufügen und ca. 5 Minuten garen. Balsamicoschalotten mit Salz und Pfeffer würzen und auf niedriger Stufe ca. 15 Minuten ziehen lassen.

Medaillons trocken tupfen. Rosmarin waschen und trocken schütteln. Öl mit Rosmarin in einer Pfanne auf hoher Stufe erhitzen und Medaillons darin von jeder Seite ca. 5 Minuten braten. Medaillons aus der Pfanne nehmen, in Alufolie wickeln und ca. 5 Minuten ruhen lassen.

Tomaten waschen und im Bratensatz 2–3 Minuten braten. Mit Salz, Pfeffer und Basilikum würzen. Medaillons vom Ibéricoschwein aus der Alufolie nehmen, salzen und mit Balsamicoschalotten, gebratenen Tomaten und Ciabatta servieren.

Für 2 Personen:

- **300 g Schalotten**
- **1 EL Zucker**
- **200 ml roter Traubensaft**
- **100 ml dunkler Balsamicoessig**
- **Salz, Pfeffer**
- **4 Medaillons vom Ibéricoschwein (à 80 g, ersatzweise Schweinefilet)**
- **1 Zweig Rosmarin**
- **2 TL Olivenöl**
- **400 g Cocktailtomaten**
- **1 EL gehacktes Basilikum**
- **2 Scheiben Ciabatta**

Schnitzel mit Rosenkohl-Walnuss-Püree

9 SmartPoints Wert

fertig in: 55 Minuten | davon aktiv: 30 Minuten
330 kcal | 1381 kJ

Rosenkohl putzen und Stielansätze kreuzweise einschneiden. Kartoffeln schälen und halbieren. Rosenkohl mit Kartoffelhälften in 1 Liter Brühe 20–25 Minuten mit Deckel garen. Zwiebel schälen und in Ringe schneiden.

Schnitzel trocken tupfen und mit Salz und Pfeffer würzen. Öl in einer Pfanne auf hoher Stufe erhitzen und Schnitzel darin von beiden Seiten braten. Zwiebelringe zufügen, restliche Brühe angießen, ca. 5 Minuten schmoren lassen und mit Saucenbinder andicken.

Rosenkohl und Kartoffelhälften abgießen und mit Milch, Salz, Pfeffer und Muskatnuss mit einem Kartoffelstampfer zerdrücken. Walnüsse grob hacken und unter das Püree heben. Schnitzel mit Zwiebelsauce und Rosenkohl-Walnuss-Püree mit Petersilie bestreut servieren.

Für 4 Personen:

- **800 g Rosenkohl**
- **600 g mehligkochende Kartoffeln**
- **1,5 Liter Gemüsebrühe (7 TL Instantpulver)**
- **1 Zwiebel**
- **4 Kalbsschnitzel (à 120 g)**
- **Salz, Pfeffer**
- **1 TL Rapsöl**
- **2 EL dunkler Saucenbinder**
- **250 ml warme fettarme Milch**
- **1 Prise geriebene Muskatnuss**
- **25 g Walnüsse**
- **2 TL gehackte Petersilie**

Bratäpfel mit Haselnussfüllung

8 SmartPoints Wert

fertig in: 45 Minuten | davon aktiv: 15 Minuten
vegetarisch
201 kcal | 840 kJ

Für 4 Personen:

- 4 Äpfel (z. B. Boskoop)
- 1 Zitrone
- 50 g getrocknete Pflaumen
- 50 g gehackte Haselnüsse
- 4 TL Honig
- 1/2 TL Zimt
- 2 TL Halbfettmargarine
- 200 ml Vanillesauce (Fertigprodukt)

Backofen auf 175° C (Gas: Stufe 1, Umluft: 155° C) vorheizen. Kerngehäuse der Äpfel entfernen. Zitrone auspressen und Saft in die Äpfel träufeln. Für die Füllung Pflaumen in feine Würfel schneiden, mit Nüssen, Honig und Zimt mischen und Äpfel damit füllen.

Äpfel in eine Auflaufform (24 cm x 28 cm) setzen, Margarine in Flocken auf die Äpfel verteilen und im Backofen auf mittlerer Schiene ca. 30 Minuten backen. Heiße Bratäpfel mit Vanillesauce servieren.

Ein echter Tausendsassa!

Christiane ist eine Frau mit vielen sportlichen Hobbys. So lebensfroh wie die 58-Jährige ist, so locker hält sie ihr Gewicht – und das schon seit mehr als 13 Jahren. Wie sie das schafft und natürlich auch, wie sie 16 Kilo abgenommen hat, erzählt sie hier.

Name:	Christiane
Alter:	58 Jahre
Erfolg:	-16 kg
Teilnahme:	Treffen

„Darf man mit über 40 mehr wiegen als mit 30? Natürlich darf man, aber man muss nicht. Allerdings hatte ich mir meine überflüssigen Pfunde eine Zeitlang mit Blick auf mein Alter durchaus schöngeredet. Tatsache aber war: Ich gefiel mir einfach nicht mehr. Jahrelang, auch nach meinen beiden Schwangerschaften, hatte ich Größe 38 getragen – und jetzt kniff die Hose sogar schon in Größe 42. Dann kam der Tag, an dem ich so viel wog wie kurz vor der Entbindung meiner Tochter …

Weight Watchers war immer wieder mal ein Thema – aber lohnte es sich wirklich, wegen meiner zehn Kilo zu viel in ein Weight Watchers Treffen zu gehen? Heute bin ich froh, dass mich eine Bekannte Anfang 2003 bestürmte, sie zu begleiten. Bis zum Sommer nahm ich nicht nur zehn, sondern sogar 16 Kilo ab, und ich halte mein Gewicht nun schon seit Jahren.

Das Schönste für mich ist, dass ich heute wieder so ein bewegtes Leben führe: Als junges Mädchen war ich Leistungsschwimmerin. Als ich bei Weight Watchers startete, ging ich mit meiner Bekannten wieder zum Schwimmen. Weil mich das nicht ausfüllte, habe ich mich noch im Fitnessstudio angemeldet und bin in einem Stepaerobic-Kurs gelandet – bis heute meine große Leidenschaft. Vor gut zwei Jahren haben mein Mann und ich dann noch gemeinsam nach mehr als 30 Jahren Pause das Tanzen entdeckt. Und dann ist da noch mein heiß geliebtes Fahrrad, auf dem ich nicht nur zur Arbeit fahre, sondern am Wochenende mit meinem Mann schöne, lange Touren rund um Hamburg mache.

Als Gold-Mitglied besuche ich „mein“ Weight Watchers Treffen auch heute noch regelmäßig und freue mich darauf, mir jeden Sommer einen neuen Stern abzuholen. Den Kontakt zu Weight Watchers halte ich auch über die Weight Watchers Community – da haben sich, auch noch Jahre nach dem Abnehmen, viele schöne Bekanntschaften ergeben, und ich stehe mit vielen Teilnehmerinnen im täglichen Kontakt.

In den vergangenen Jahren habe ich natürlich so manches Punktesystem kommen und gehen sehen. Aber Weight Watchers hat immer funktioniert und tatsächlich auch jedes Mal besser. Mir hilft es heute besonders, dass ich weiß, welche Lebensmittel meinem Körper guttun. Von diesen Lebensmitteln esse ich bevorzugt. Da muss ich inzwischen gar keine Punkte mehr zählen – das habe ich einfach so im Griff.“

Wenn du wie Christiane durchstarten möchtest, dann schau einfach bei einem Treffen in deiner Nähe vorbei:

www.weightwatchers.de/treffen

Christianes Feel Good Tipps:

- Macht euch vorher bloß keinen Kopf! Tut es einfach, denn es funktioniert.
- Man sollte nicht nur in Kilos denken: Mein Ziel war es, dass meine Kleidung nicht mehr kneift.
- Sitzt die Hose nach einem Fest oder einem Urlaub etwas zu eng, gehe ich einmal mehr ins Weight Watchers Treffen.

Autorin: Silke Bruns
Fotografin: Tania Walck

Register nach Alphabet

Lust auf...

... Couscous, Bulgur & Co.?

... etwas Besonderes?

... Fisch und Meeresfrüchte?

... Geflügel?

... Klassisches?

... low carb?

... Ofenküche?

… Pfannengericht?

… Salat?

… Schnelles?

… Suppe und Eintopf?

… Süßes?

… Vegan?

Impressum

Redaktion
Weight Watchers
Claudia Braun, Claudia Thienel

Realisierung
The Food Professionals Köhnen AG, Sprockhövel

Projektleitung
Silke Höpker

Rezepte
Ingrid Schmand, Kathrin Schmitt

Versuchsküche
Judith Balks, Dennis Webers

Fotografie
Klaus Arras, Stephan Conroy (S. 152), Carsten Eichner, Ian Garlick (S. 43), Dirk Przibylla, Stefan Schulte-Ladbeck, Thinkstock (S. 6)

Foodstyling
Katja Briol, Marc Fleischer, Maren Jahnke, Stefan Mungenast, Christa Schraa

Gestaltungskonzept und Grafik
The Food Professionals Köhnen AG, Sprockhövel
Petra Penker, Sina Wolf

Druck
paffrath print & medien GmbH, Remscheid

1. Auflage 2016

weightwatchers

Info-Hotline 01802-23 45 64*
www.weightwatchers.de

*0,06 €/Anruf aus dem Festnetz, Mobilfunk höchstens 0,42 €/Minute.

PEFC zertifiziert
Dieses Papier stammt aus nachhaltig bewirtschafteten Wäldern und kontrollierten Quellen.

www.pefc.de